邬易平 著

成长的声音

大学英语教师教研成长的自我民族志研究

THE VOICE: AN AUTOETHNOGRAPHIC RESEARCH ON TEACHER DEVELOPMENT

浙江工商大学出版社
ZHEJIANG GONGSHANG UNIVERSITY PRESS | 杭州

图书在版编目(CIP)数据

成长的声音:大学英语教师教研成长的自我民族志研究 / 邬易平著. —杭州:浙江工商大学出版社,2019.8

ISBN 978-7-5178-3454-0

Ⅰ. ①成… Ⅱ. ①邬… Ⅲ. ①高等学校—英语—教师—师资培养—研究 Ⅳ. ①H319.3 ②G645.1

中国版本图书馆 CIP 数据核字(2019)第 202444 号

成长的声音——大学英语教师教研成长的自我民族志研究
CHENGZHANG DE SHENGYIN
——DAXUE YINGYU JIAOSHI JIAOYAN CHENGZHANG DE ZIWO MINZUZHI YANJIU

邬易平 著

责任编辑	王 英	
封面设计	林朦朦	
责任印制	包建辉	
出版发行	浙江工商大学出版社	
	(杭州市教工路198号 邮政编码310012)	
	(E-mail:zjgsupress@163.com)	
	(网址:http://www.zjgsupress.com)	
	电话:0571-89995993,89991806(传真)	
排 版	杭州朝曦图文设计有限公司	
印 刷	虎彩印艺股份有限公司	
开 本	710mm×1000mm 1/16	
印 张	15	
字 数	207千	
版 印 次	2019年8月第1版 2019年8月第1次印刷	
书 号	ISBN 978-7-5178-3454-0	
定 价	46.00元	

前　言

讲故事是人类历史的最初和最主要的研究方法之一。人们通过故事来了解历史，获取知识，获得经验；同样，人们也通过故事来审视自我，思考问题，启迪人生。以史为鉴，以史为镜，从故事中分析、学习和总结经验。或大或小，或轻或重，过往发生的事件都存在意义。探究、发现其存在的意义，对于现在和将来均大有裨益。过往、现在和将来被串联成岁月之河，从而形成一份真实的具有温度的一手资料。

人作为自然和社会环境中的参与者，对事物进行感知、认识和思考。自我民族志从个人视角出发，将个人与文化、民族、社会相联系，将自我放置于社会文化的背景下进行研究和写作。我期望通过自我民族志研究，聚焦大学英语教师的职业发展历程，探究一线教师的自我成长意识，渴望自己的声音被听到。一个人讲述自己的故事，自己故事的价值到底由谁来判断和决定？一个普通人的声音就没有被听到的意义吗？

我无法直接给予你最正确的答案。仁者见仁，智者见智，答案总归是需要自己寻求的。那就这样吧。在阳光中，在风雨间，在云朵下，在灯光里，让我们品着茶或咖啡，一起静静地翻开这本书。字里行间，你会读到一个普通教师的絮叨，听到教师和他人在生活中的谈话，感受教师在过往故事中点点滴滴的喜怒哀乐，你会发现艰难行进在学术教研路上的你并不孤单。原来我们是那么相似，有过相同的经历，遭遇过相似的痛苦，享受过相似的幸福，感受着普通人的相似的生活。正是这种"共鸣"让我们相互取暖,有勇气去探究这看似高高在上、遥不可及的学术之魅。

本书是一项对大学英语教师在职业发展过程中的关键性事件(critical event)的自我民族志研究。这一连串发生在教学生涯中的小故事,犹如一串项链上的颗颗珍珠,鲜活而生动地展现在你的眼前。故事的讲述让冷冰冰的文字有了温度,让你我之间的距离不再遥远。

全书由八章组成。第一章是自我民族志研究的理论思考,提出自我民族志在教师教研成长研究中的重要意义。第二章到第七章呈现了对一名大学英语教师职业发展过程中的六个关键性事件的自我民族志研究。其中,第二章聚焦以任务型教学法为主的教学实践,第三章论述因材施教的后方法教学实践,第四章聚焦思维导图在教学实践中的运用,第五章聚焦语言与文化,第六章聚焦师生关系,第七章聚焦科研共同体中的研究型教师的发展与未来。第八章是对教师成长的反思与总结。

我渴望通过对自我故事的剖析来认识、探究自我以及我对与我相关的他人(学生、同事)、家庭、文化和国家的认识。从反思性方法论的高度来深化对自我体验和自我意识的理解,通过一系列个性化叙述和表达性说明来加深对教师职业发展的解读与认识。

我邀请你与我同行。

这本书是我多年的教学实践探索,付梓在即,惴惴不安,理论认识、方法运用、教学实践都限于认识水平和研究能力,定有很多不妥。期待专家、同行批评指正。

邬易平

2019 年 6 月

目录
Contents

探寻：理论思考

言说：研究实践

论理：教师成长

理论思考

力学如力耕，勤惰尔自知。

但使书种多，会有岁稔时。

——《书院》（宋）刘过

吾说吾事——聚焦方法

2015年8月,纽约的夏天,天高云淡,气温维持在34℃左右,偶尔有些雷阵雨。虽然太阳的直射让人有些畏惧出门,但躲过了最热的中午,其他时候的蓝天白云非常宜人。路上行人匆匆,几乎没有人打伞遮阳。烈日之下,颇觉有些热,倘若躲在阴影之下,便会觉得凉爽不少。辗转40分钟左右的地铁和公交车,我走进了圣约翰大学的校园。此时正值暑假,校园里人迹稀少,安静宁和,只有少数参加暑期短训课程的学生和每周上四天班的行政人员。和导师 Dr. B 见面的时间还未到,我坐在孙中山纪念堂旁的长椅上,看着熟悉的中式建筑以及偶尔路过的肤色各异的学生,思绪有些恍惚:这个校园可能正是中美文化教育交融的某个缩影。接下来的一年,我将在这里有怎样的体验和感悟,这样的经历于我又会有怎样的影响,我带着这样的疑问,走进了对面的学生活动中心。二楼的星巴克咖啡店没有营业,我有些许失望,但整个活动中心的布置很暖心。看似随意摆放的桌椅间,三三两两的学生小声交谈着,不时用电脑处理着事情。我找了个舒适的沙发座,捧着从图书馆借来的 Dr. B 的专著(*Being a Teacher: Using Narrative as Reflective Practice, a Cross-disciplinary Approach*)仔细阅读着,正式开始我在圣约翰大学教育学院为期一年的公派访问学者的交流学习生活。

和 Dr. B 约见的时间快到了,我快步走进教育学院大楼。厚重的大门将炎热的空气阻挡在外,大厅里瞬间凉爽了不少。人不多,很安静。我等候在一部老旧的电梯门口,有些紧张。电梯门开了,里面站着一名从负一层上来的女老师。首先吸引我的是她看似随意却又精致的淡金色的盘发,映衬着她白皙的肤色。白色衬衫和深色A字裙凸显了她的干练,而右肩上的那个装满了书的重重的大包,明显预示着她的职业——教师。在我仔细打量她的同时,她也看到了我。四目相对的一刹那,我惊讶地发现,她正是 Dr. B,和学校介绍网页上的那张照片的最大不同之处在于,我眼前的她显得更年轻,更有活力。

我脱口而出:"您是Dr. B吧,比照片上的年轻好多啊!"

Dr. B开心地笑了起来,说:"谢谢! 你是Ms. Ann吧? 真高兴咱们的第一次相遇是在电梯里,太有缘分了。你看上去真精神。"

我迅速回答了一句:"谢谢。"

Dr. B接着又问了一句:"你最近怎样? 来纽约还适应吗?"

我习惯性地回答道:"还不错吧。"

Dr. B看着我微笑,没有说话,微微点了点头,好像鼓励我继续说下去。

我想了一会儿说:"这里的天气还算舒服,城市很美。有很多美食,很容易找到中国菜。交通很方便,地铁系统虽然很老旧,但井井有条。校园也很漂亮……"

后来,每次回忆初见,Dr. B都会像个受到表扬的孩子那样开心地提起我对她说的第一句话。

Dr. B带我走进教育学院四楼。她的办公室在走廊的尽头,必须经过一片敞开式的办公区域。虽然是暑期,圣约翰大学的行政人员从周一到周四仍在上班。Dr. B很热情地和办公室里的每一个工作人员打了招呼,并把我介绍给他们:"这是Ms. Ann,从中国来的访问学者。接下来的一年她将和我们在一起。"有趣的是,当她特别提到我来自中国的时候,我有种她以我为傲的感觉。说实话,我不知道自己的这种自信来自哪里,也许是她快乐而热情的语气吧,让人觉得特别真诚和亲切。

第一次进入Dr. B的办公室,迎面而来的是立在墙角的大书架,上面按照研究专业,分类摆放着书籍。墙上和门上最引人注目的是她自己所写的几本专著的出书海报以及书的封面。午后的阳光从偌大的窗户射进来,洒落在书桌上,让人觉得充满希望和快乐。Dr. B最喜欢的就是书桌左侧对着校园的那两扇大窗户。站起来往外望去,就是圣约翰大学的孙中山纪念堂。绿色草坪上点缀着一些不知名的各色小花,黄色琉璃屋顶的中式建筑,在蓝天白云的映衬下,像极了一张校园风光的明信片。她告诉我,这个办公室虽然不大,但阳光甚好。因此,每次来到这个办公室,心情都特别愉悦。Dr. B非常欢迎我参与到她的课堂教学中去,于是我每周都会准时出现在她的课堂上,并在课后与她面谈。

她是位风趣且平易近人的教授。我们很快建立起谈话的舒适区。每周一次的导师见面,总能让我很开心。在她的办公室,我们经常会很放松地聊天,包括日常的生活、阅读的书籍以及在纽约的各种体验和感受。在看似闲聊的会面中,我逐步感知到"回顾"生活的重要性。Dr. B每次见面的开场白都和第一次在电梯里的问话一样,问我最近怎样。我改变了一贯以来简单而不假思索的回答(还不错吧),仔细回顾过去的一周留在记忆深处的或有趣,或有意义,或印象深刻的事情来分享。久而久之,在和Dr. B的对话中,我逐步意识到成为一个好的质性研究者,首先要学会做一个会观察、会反思、会阅读生活的人。

学会观察,这是成为质性研究者最重要的一步。在和Dr. B分享生活和学习的过程中,我自然而然地开始学习观察生活中的细节,学习如何准确而生动地描述场景,以及如何清晰而丰富地表达情感。

学会反思,这是成为质性研究者最关键的思维习惯。我回顾的重心从最开始单纯的生活琐事逐步转移到了与专业研究相关的阅读和思考。这是一种潜移默化的习惯的养成。慢慢地,我的访学日志从单纯记录自己的访学生活,转变为记录自己的访学感受和思考,包括疑惑和反思。

学会阅读,这是成为质性研究者的必经之路。Dr. B最喜欢的报纸是《纽约时报》。每次和Dr. B见面,她总会先拿出最新的《纽约时报》和我分享她最感兴趣的一篇或几篇报道。然后再拿出一些新书或者期刊给我,让我扩大阅读量,帮助我不断地深入了解自己感兴趣的、想要深入挖掘的研究主题。我开始放慢脚步,不那么急躁地进行文章的写作,而是从多方面的阅读中去了解自己想要做的研究以及研究方法,反复设计自己的研究计划,调整研究思路。急于求成的心态会在一定程度上蒙蔽对质性数据的收集、理解和分析,良好的学术研究心态是向教师研究者转变的关键因素之一。

第一章

师之言说：自我民族志

吾说吾事——初知欣喜

2014年3月,学院研究生 H 通过她的导师教授 C 找到我,希望能够跟踪我的课堂教学一个学期,做好课堂录音的同时,对我进行深度访谈。这是一个难得的机会,能对自己的课堂进行深度研究。我意识到自己的教学行为和教学理念对于研究生 H 而言,是她进行质性研究的一手数据。同时,我也开始思考,这些一手资料的积累,对于我自己是否也具有研究意义。这种研究不应只停留在教学实践的层面,通过教学反思的形式来促进课堂教学,而应更进一步地将以上资料作为教学研究的资料,把自己当作研究对象进行教师教育研究。当我找到这个方法的时候,已经是 2015年10月。

和 Dr. B 初见的感觉与我第一次接触自我民族志(Autoethnography)这个术语的感受有些相似——欣喜。

2015年10月,纽约空气仍旧通透,阳光仍肆无忌惮地照射着大地,但天气开始转凉。这个季节给人的整体感觉非常舒适。与以往一样,我在旁听 Dr. B 的写作教学课后,和她继续每周一次的面谈。还是在我们都最喜欢的充满阳光的办公室里,还是和之前一样的开场白,Dr. B 边整理自己的上课资料,边亲切地微笑着说"How are you doing, Ms. Ann?"。我告诉她,自己做了一顿简单却很美味的中餐,买到了自己喜欢的一部小说——《龙纹身的女孩》的二手书,查阅了学校图书馆里有关教师教育研究的几本书……我在简单地罗列了几件最近一周我感兴趣的事情之后,提到了自己最近的学习心态。

"Dr. B,在仔细阅读了您的专著*Being a Teacher: Using Narrative as Reflective Practice, a Cross-disciplinary Approach*之后,我对反思性叙事这种研究方法产生了兴趣。从我目前所接触到的文献来看,研究者大多是以观察者、分析者和研究者的身份去探究他人,但我想研究的对象不是他人,而是我自己。"

"嗯,为什么你想要研究自己呢?"Dr. B没有做出评判,而是进一步提出问题。

"我在大学里教授'大学英语'这门课程有14年之久了。好像以前很满足于当一个小小教书匠的生活,每天思考的是什么样的教学方法最适合我的学生,什么样的课堂是一个有效的课堂,怎样帮助我的学生在学习语言的同时,提升思维能力和培养思维习惯,怎样建立一个良好的师生关系。我曾经想过,把自己这14年的教学经验总结一下,以专著的形式出版。一方面作为自己职业发展的自我总结,另一方面,某些经验或许可以给他人以借鉴,以帮助他人获取他们在教学上的进步。"

"这是个很不错的主意啊。这么多年的经验总结,你需要聚焦。"

"是的。在仔细回顾自己这些年的教学体验,寻找其中一些关键性和典型性事件时,我突然觉得自己这些年的教学体验就是一个宝藏。不是说那些具体的教学方法或者教学设计,而是我在这14年中的成长,虽然很慢,但还是有转变。我对于大学英语教师这个职业的理解和思考,随着这些年的教学成长也有变化。"

"如果你对大学英语教师这个职业的理解和思考有兴趣,那说明你已经不满足于教学实践者这个身份，你想成为研究教师的研究者。"

"是的。2013年开始，我和同事有合作研究，对高校英语教师自主信念研究有一定的涉及，主要采用的是调查问卷和半结构式采访的量化研究方法。在研究过程中，我发觉自己就是研究对象中的一员。于是，我很想知道，自己十几年的教学体验是否能提供我对于自己的语言教学、文化、境遇、事件和生活方式的理解？"

"当然可以。你从一个局外人的视角，转变到了局内人的视角。"

"但作为一名普通的一线教师，我作为教学实践者以及教育研究者的声音是否可以充分被传达，是否值得被关注呢？"

"当然值得。其重要意义不言而喻，但重点可能是我们要找到一个合适的方法去解析和表达。你需要找到自己声音的意义，找到发声的渠道，以及让你的声音被听到和被理解的方法。"

"是的，我想说的应该就是这个意思。可是反思性叙事能帮助我研究自己所在的群体的文化吗？"

"可以。曾经有位墨西哥学者在圣约翰大学学习，她所做的研究叫作'自我民族志'就是从局内人（full insider）视角出发去研究自己所在群体的文化现象，你有兴趣了解一下吗？"

"是的，我当然想。我现在急需一把打开自己宝藏的钥匙。"

"钥匙找到了的话，你还需要好好认识它，才知道如何使用。所以你需要好好阅读和学习相关文献，这可不是一件容易的事情啊。"

"嗯，我明白的。"

Dr. B给了我这把开启自我研究的钥匙，但怎么认识这把钥匙，并打开未来的研究之门，得靠自己。于是，手持这把钥匙，我开始文献阅读之旅，开启了自我民族志的自主学习之路。一路走来，时间匆匆，现在4年时间已然过去了。自我民族志这种质性研究方法和学术写作方法的独特性，让我在学习过程中的情绪复杂而多变。一方面，文献学习的过程是孤独的，像是我的喃喃自语;另一方面,这个过程又很幸福,像是我和文献作者的对话。独白与对话成了我4年理论学习的主要形态。

在阅读了以"自我民族志"为关键词搜索的相关文章之后,我锁定了Carolyn Ellis的相关著作和文章,其中她与Art Bochner合作的文章"Autoethnography, Personal Narrative, Reflexivity: Research as Subject"(2000)以及她2004年出版的专著*The Ethnographic I: A Methodological Novel About Autoethnography*被引用的次数较多。于是,我选定这本专著开启自我民族志的学习和研究之路。这是一本非常适合自我民族志理论启蒙的专著。

刚拿到这本书时,封面(如图1-1所示)给我留下深刻的印象。画面凌乱模糊,像是一个人将附着在镜子上的雾气抹乱。中间的女人身体被划分为左右两个部分,衣物只遮盖了身体的一侧。女人身后的镜子映照着女人的背影,她的左侧似乎还有另一个人在默默注视着她。女人似乎在进行"我是谁?"这样的哲学思考,而答案并非显而易见。人们对自我的认知总是一个永恒不变的人生话题。

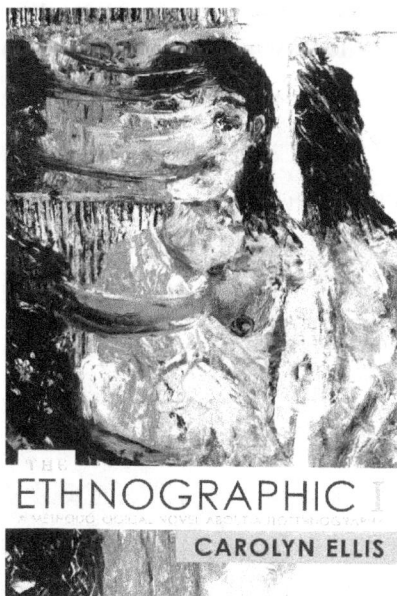

图1-1　Carolyn Ellis 的专著封面

坦白说,这个封面在我的印象中,与学术专著相去甚远。它没有学术专著该有的理性、素雅的风格,反倒更像是一幅印象派的画作。但又有谁规定,学术专著的封面必须是严肃的呢?虽然封面的凌乱让我有些诧异,但这并不影响我翻开书本,开始阅读。

Ellis把这本书定义为方法论小说(methodological novel)。两个看似有些矛盾的词被放在了一起——方法论注重理性论述,小说注重艺术创作。她在书中虚构了"Communicating Autoethnography"这门课程,通过10次主题课堂和多次学生研究项目指导,从理论和实践两个方面较为全面地介绍了自我民族志这种研究方法,全书以自我民族志的写作方式呈现。在专著封底上,H. L. Goodall教授非常中肯而准确地评述了该书的重要意义:

> Carolyn Ellis, in a stroke of genius, adopts the form of a novel to write an imaginative, emotionally rich, and methodologically layered account of teaching the one course that everyone in our field wishes they could take from the one person they wish they could take it with. And now, with this wonderful book, we can. It is not just the story form and truly original voice that separates this text from any competition. It is the undeniable fact that chapter-by-chapter readers gain the knowledge and skills that will help them become personal ethnographers as well as invites them into ongoing scholarly conversations that frequently question as much as advocate them. (Carolyn Ellis, 2004)

Ellis通过生动而细致地刻画10次主题课堂现场教学的场景、人物、对话和发生的事件,详细地介绍了自我民族志研究方法的发展历史、概念特征、重要意义和运用实例,直面研究过程和写作过程中所遭遇到的质疑、困惑以及自己内心情感的脆弱,并寻求解答。

可能因为自己作为教师的经历,书中描述的课堂讨论、师生研讨的场景特别有代入感。读到课堂上 Ellis 和学生互动,讲解有关自我民族志的理论时,我会认真画下重点,记录笔记;读到学生质疑自我民族志研究的客观性和学术性时,我会写下自己同样的疑惑;读到有学生因为个人原因最终放弃研究时,我会深深地叹息,并感到遗憾,但也能理解和尊重他的选择;读到学生努力坚持完成了研究,我会为他们欣喜;读到学生的研究作品未能发表时,我会联想到自己被拒稿的痛苦和茫然……阅读中,我仿佛成为书里课堂中的一名旁听生,认真而急迫地汲取知识、分享情感、产生共情,与作者以及书中人物的共鸣油然而生。正因为这种学术亲近感的致命诱惑,引领我继续深入阅读,并积极寻找其他的专著和论文进行深度阅读。

读有所得——温故知新

自我民族志是"探索个人在社会文化环境中所具有的独特生活经历的质性研究方法"(Custer,2014),将个人与文化相联系,适合将自己作为研究对象,探究自己与特定社会文化现象之间的关联,通过将读者带入具体的情境中,让他们感受到作者的思考、情绪以及行为。他们通过一种带有强烈美感和情感的深描(thick description),对个人以及人与人之间的经历进行自我民族志的研究写作(Ellis and Bochner,2000;Ellis,2004;Ellis,2011)。

一、自我民族志的发展历程

自我民族志发展至今有40多年的历史。1975年人类学家Karl Heider第一次使用"自我民族志"一词,指代被研究者达尼人(Dani people)对他人行为看法的自我论述。David Hayano将自我民族志研究方法引入人类学的文化研究领域。他作为被研究者群体中的一员,以局内人的身份对职业扑克玩家进行民族志研究,从而开启自我民族志这一学术术语在人类学研究领域得以应用的大幕(Ellis,2004:38)。Carolyn Ellis 在其专著 *The Ethnographic I: A Methodological Novel About Autoethnography* 中,运用自我民族志的研究范式,虚构了其与9名学生在"Communicating Autoethnography"课程中共同学习自我民族志的过程,全面深入地介绍了自我民族志这一质性研究范式的定义、特征、方法及其在学术研究领域中的应用。同一时期,Arthur P. Bochner、Pat Sikes、Canagarajah、A. Suresh 等一大批学者将自我民族志研究方法运用到人类学、社会学、文学、艺术以及教育等领域。自我民族志研究为社会科学研究者深入探究社会现象以及在某个特定被研究者群体中的个案研究提供了一种"唤起式"的新路径,引起学界关注。自我民族志在社会学、新闻学、人类学、教育学、社会工作、护理研究、传播研究、小说研究、沟通研究、表演研究等领域得到广泛应用(蒋逸民,2011:12)。

与国外研究的百花齐放不同,国内有关自我民族志的研究尚在起步阶段。以中国知网为例,到2019年7月为止,以"自我民族志""自传式民族志""自我人种志"为关键词搜索题目或主题,核心期刊上仅发表16篇论文。其中,理论引介7篇,研究应用9篇。2009年,韩巍、席酉民提出自我呈现及反思的研究方法是组织管理研究的补缺性方法。文中,他们首次提及"自我民族志"这一学术术语,但由于其研究的侧重点与民族志不同,他们只将自我民族志作为研究方法的向导进行了简要介绍。2011年,蒋逸民真正将自我民族志引介到国内,从内涵、历史、理论依据、表达方式以及学术争论等方面进行深入探讨。他指出作为一种新的质性研究方法,自我民族志在一定程度上扩大了个案研究的范围,有助于跨学科研究,具有一定的社会应用价值。

自我民族志逐渐进入教育研究者和教育实践者的视野,引起广泛的学术关注。

二、自我民族志的定义与内涵

自我民族志在社会学、人类学、传播学、教育学等领域被广泛运用,并逐渐进入教育研究者和教育实践者的视野。

1. 定义

Autoethnography 对应的中文术语翻译有"自我民族志"、"自传式民族志"以及"自我人种志"。其中,"自我民族志"得到较多学者的认可和使用,这与学者对 Autoethnography 的定义及其内涵的理解密不可分。

表1-1是从 Hayano(1979)提出 Autoethnography 这一术语开始,学者们从不同视角对 Autoethnography 的定义的探讨。

表1-1 Autoethnography 的定义

Researcher(s)	Definition	Time
Hayano	The term "autoethnography" refers to the work of "insider" anthropologist, researching their "own" people.	1979
Van Maanen	It is a sub-method of impressionistic accounts.	1988
Tedlock	Refers to it as part of narrative ethnography.	1991
Denzin	Autoethnography is a sub-category of interpretive ethnography.	1997
Reed-Dananhay	Autoethnography is a genre of writing and research that connects the personal to the cultural, placing the self within a social context.	1997
Sparkes	Autoethnographies are "highly personalized accounts that draw upon the experience of the author/researcher for the purposes of extending sociological understanding."	2000
Spry	Autoethnography is a self-narrative that critiques the situatedness of self with others in social, political, economic and cultural context.	2001

续　表

Researcher(s)	Definition	Time
Luitel	Etymologically, the term autoethnography comprises three different words: auto, ethno and graphy, which signify the textual representation of one's own personal experiences in his/her social, political, economic and cultural context.	2003
Carolyn Ellis	Autoethnography is "research, writing, story, and method that connect the auto ethnographical and personal to the cultural, social and political context." (Which) refers to writing about the personal and its relationship to culture. It is an autobiographical genre of writing and research that displays multiple layers of consciousness.	2004
Jones	Autoethnography involves setting a scene, telling a story, weaving intricate connections among life and art, experience and theory, evocation and explanation... and then letting go, hoping for readers who will bring the same careful attention to ours words in the context of their own lives.	2005
Chang	What makes autoethnography ethnographical is its ethnographic intern of gaining a cultural understanding of self that is intimately connected to others in the society.	2007
蒋逸民	自我民族志是一种探究研究者自我生活经验的,将个人与文化相联系的自传式个人叙事。这种个人叙事对个人亲身经历进行了描述,并对个人的文化经历进行了反思性说明。	2011

　　综上所述,自我民族志首先是一种质性研究方法,不仅仅是针对自我个体的研究,它还显示了意识的多层次性,把个体意识与文化意识联结起来,它需要将个体放置在社会、历史、文化背景中,是一种将个人与文化相联系,将自我置于社会文化背景上来考察的研究样式和写作形式(Ellis and Bochner,2000;韩巍,席西民,2009;蒋逸民,2011)。

其次，自我民族志是一种学术写作方法。它通常采用第一人称进行论述，是一种自传体式的写作方法，以语言、历史和民族志方面的解释为写作方式，有意识地探索一个亲历且自省的自我与文化现象之间的相互关系（Ellis and Bochner，2000；陈纪，南日，2018；杨爽，钟志勇，2014），通过讲述一个个被历史、社会结构和文化所影响的作为关系和制度的故事，展现事件的真相，解释复杂性的本质（韩巍，席酉民，2009）。

2. 内涵

因研究目的和研究设计不同，自我民族志学者采用的研究方法不尽相同。因此，术语的不统一并不影响研究的开展，反而凸显自我民族志研究的包容性（Ellis，2004）。尽管在不同时期，不同研究视角和不同的研究目的对自我民族志的定义略有不同，但均涉及对 auto、ethno、graphy 三个词的阐释，如图 1-2 所示。

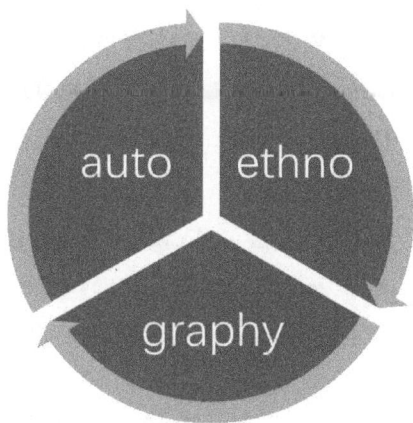

图 1-2　自我民族志的三轴图（Three axes of autoethnography）
（改编自 Bochner，2000）

从词源学来看，autoethnography 由 auto、ethno、graphy 三部分组成，是一种学术研究方法和一种学术写作形式（Ellis and Bochner，2000；Luitel，2003；Ellis，2004；Jones，2005；Ellis，Adam and Bochner，2011；Canagarajah，2012）。

三个部分分别意指研究内容、研究视角和研究写作方法(Chang,2008)。

(1)Auto (Personal Experience, the Self, Experience of One's Community)

Auto(自我)为自我民族志的研究内容,研究自己及所属群体的过往经历及体验。它认为自我经历及体验是传统研究方法中不可多得的丰富的研究资料,强调研究的情境性,研究应基于研究所处的情境及其社会身份(Canagarajah,2012),通过描述自我的亲身体验来表现自我主体性,表达自我意识(蒋逸民,2011:11)。

(2)Ethno (Cultural Experience)

Ethno(文化)为自我民族志的研究视角。从文化的角度探究个人与他人、个人与社会之间的文化联系(Chang,2008),通过自我情感和思想的展现,来探究自我与文化背景的互动(蒋逸民,2011:12),强调个体与他人、团体及其赖以生存的社会文化环境的互动,不刻意回避主观性的争议,而是坦诚地向读者展示自我经历和反思,关注这些经历发生的特定社会环境(杨鲁新,2018)。自我民族志认为个人经历都是特定社会、文化、政治环境下的个体的折射,在一定程度上反映了其所处群体及社会的某些特性。

(3)Graphy (Describing, Systematically Analyzing and Writing)

Graphy(志)为自我民族志的研究写作方法,是通过收集、记录数据,进行有条理的分析和描述的研究方法(Ellis,2004;Canagarajah,2012)。研究者试图用所谓社会学的系统反思和情感回忆来理解他的经历……通过探究某个特殊生活事件,研究者希望理解一种生活方式(Ellis and Bochner,2000:737)。

自我民族志的写作形式包括短文、诗歌、小说、书、文章、报告、报道、写作片段、文本等形式(Ellis,2004;Canagarajah,2012),是一种将过去、现在和将来紧密联系的研究写作体裁(Belbase,Luitel and Taylor,2008:94)。Sparkes(2000:21)认为自我民族志是为了加深社会科学的研究,对于研究者自己的经历来说是极具个人特色的研究。它让你通过自己去接近文化(Pelias,2003,quoted in Wall,2006)。

3. 特点

自我民族志研究具有叙事式反思、情感唤起性、过程性研究、文化情境性等特点。

(1)叙事式反思

自我民族志具有反思性,是对社会权力和话语实践进行批判性考察的有力工具。(Alvesson and Skoldberg,2000;Ellis and Bochner,2000;转引自蒋逸民,2011:12)自我民族志通过深层而细致的自我反思和自我叙事探究自我与社会、个人与群体的互动,审视研究者自我缄默的情感、遗忘的动机和压抑的情绪(Canagarajah,2012:261),意指在社会、政治、经济和文化背景下以文本方式再现个人经历(Luitel,2003)。Wall(2006:158)提到自己的故事可以和自我民族志研究并存,把自我(self)当作认识自我的研究对象去挖掘自我与文化之间的联系。自我民族志故事能真正使理论和历史鲜活起来(Ellis,2004:23)。我们回顾自己的过往、态度和信念,我们的叙事来自我们的体验和观察,它既是研究方法,又是研究数据,同时还是研究写作范式。

(2)情感唤起性

接触自我民族志研究初始,它的故事性深深吸引着我。正如Ellis所说,故事是最好的陈述学术研究的方式之一。阅读故事的同时,读者产生与作者相似的共情体验,在相似的情感体验中,产生相关理论的认同。相较于客观、理性的学术语言,这种故事性的论述让读者与作者亲近起来。

被研究者(研究者)是社会中的活生生的人,而不仅仅是提供研究数据的研究对象。自我民族志研究关注被研究者(研究者)的情感体验,通过对关键事件故事性的陈述和分析,直面事件过程中作为"人"的被研究者(研究者)内心最脆弱、最敏感的情感,甚至在研究过程中揭示他们的恐惧、自我怀疑等情绪(Ellis,2004:xviii),并期待通过研究发现更真实的自己,从而自我促进,成为更好的自己。从这一层面而言,自我民族志研究具有治愈性。

(3)过程性研究

自我民族志研究强调研究的过程。在研究过程中进行自我观察、自我分析和自我反思。田野笔记是自我民族志研究至关重要的研究资料。正如Ellis所述：

> Field notes are to be written from a distance, with little, if any concern about interactions specific to the particular researcher and participants-or the internal reactions of the researcher. Field notes are one selective story about what happened written from a particular point of view at a particular point in time for a particular purpose.(2004:16)

Ellis(2004:19)在进行自我民族志研究写作的过程中养成了记录生活笔记(writing notes)的习惯。目的有二：其一，记录笔记具有治愈性；其二，生活体验可以、也应该从社会学角度被记录和被分析。

值得一提的是，自我民族志研究并不是先有理论假设，再通过研究实践去验证的，而是在根据田野笔记进行分析阐述的过程中去发现规律，得出研究结论。在研究过程中，会不断有惊喜出现。同时，这对自我民族志研究者提出了更高要求：一是必须真实面对田野笔记的一手资料，脚踏实地，一步一个脚印；二是随时根据分析结果进行研究设计的调整。唯有坚持到最后，才得见庐山真面目。当然，这也是自我民族志研究的魅力所在。

（4）文化情境性

自我民族志研究能使理论与历史鲜活起来，能加强人与社会、文化、政治、历史之间的关联(Ellis,2004:23；Pelias,2003:372)。人不再只是独立的生命个体，而是生活在社会共同体中的一员，与周围的人、事、物时时刻刻发生着关系。

虽然都是在讲述自己的故事，但自我民族志与自传或回忆录不同。自传是按照年史记录的人生故事，通常以最为直接、客观、顺叙的方式进行讲述，关注事件发生的时间、地点和人物。回忆录则更聚焦于一个关键事件或者主体，带有浓厚的回忆和怀旧情绪。而自我民族志是审视人生中的关键

事件,关注该事件与社会、政治、文化、权力等方面的关联,通过对过去关键
事件的反思性研究帮助现有或以后思考的形成(Tilley-Lubbs,2017:6)。个
体所处的社会环境和文化模式不一样,个体是在不同的文化背景下成长的。
自我民族志研究的关键性事件是在特定的政治、社会、经济以及文化背景下
发生的。自我民族志研究对于关键事件的关注更聚焦于事件中的困扰、问
题、权力或特权等,同时,它需要对所发生事件的原因和方式进行深刻的反
思与内省。其主要功能是解放自我,帮助自我从学术研究的视角进行自我
审视、质疑并回应自己的经历,从而得出相应的理论(Tilley-Lubbs,2017:
6)。自我民族志能让被研究者(研究者)通过分享其独特的、主观的、带有情
感体验的故事,增加我们对所生活的这个社会、文化情境的理解,同时让我
们进一步反思自己的所知和所学对这个世界的贡献(Wall,2006)。

三、自我民族志的写作范式

迄今为止,自我民族志的中英文术语均未统一。不同目的和类型的民
族志研究采用不同的术语,体现了此类研究的包容性、易错性以及不确定
性(Ellis and Bochner,2000:743;Lincoln and Denzin,2000:1060;Ellis,
2004:40)。

自我民族志的写作范式归根结底是对"志"的理解。它属于质性研究,
是一种带有自传性理解的叙事研究,但它在研究写作上有别于传统的质性
研究写作。自我民族志聚焦个体,强调自我表述,采用多维叙事的阐述方式
(徐建新,2018:70)。首先,自我民族志以第一人称写作,突出对话、情感和
自我意识的故事性描述,采用一种类文学创作的写作范式(Ellis and Bochner,
2000;Jones,2005)。其次,自我民族志注重反思,研究者在自我分析中有不
同的侧重点,在同一篇文章中,自我、文化、研究三个方面,作者对其的关注
点也是不断变化的。(蒋逸民,2011:12)

Freema指出,叙事研究的部分本身可能在方法上更文学化,也就是说倾
向于诗意的共鸣和唤醒,而不是社会科学研究这一更标准的形式。她认为:

"叙事研究者的任务是以引人注目和富有启发性的方式,来讲述开放性故事。在这点上,叙事研究者能够从后现代小说和报纸杂志中得到启发。"（2012：116）

学有所思——共鸣发声

共鸣,是自我民族志研究者写作的目标之一。正是这种共鸣,建立了我与 Ellis 这本专著之间的共情。之所以喜欢自我民族志,是因为这是目前为止,我所找到的最合适的一种自我研究方式。

首先,研究者即被研究者,这是具有教师实践体验和教师研究兴趣的我的两种身份的统一。我可以用"研究者"的身份近距离观察和审视作为"局内人"的自己。这种自我观测和自我审视是对研究者与被研究者的最直接的接触和最近的研究距离。当这种学术研究的思维模式成为教育实践者的习惯之后,每次的教学行为及其教学反思都会成为教育研究的一手资料。由此,教学实践者搭建起一座属于自己的教育实践与研究的桥梁。

其次,这是普通人的发声机会。它让从事一线教学工作的教师得以分享自己的体验和情感。教学实践者通过自我民族志研究的学术写作,将自己在教学实践过程中的所思所想以学术研究的形式呈现。每一位教学实践者在自己的工作经历和体验中都会积累相关的教学经验,这种带有"民间特色"的经验积累通过学术研究和写作的渠道得以传播,并有可能成为再次研究的素材和对象,使得实践者的声音不被湮没。

再次,这也是教学实践者转变为教学研究者、教育研究者的有效学习途径之一。当教学实践成为教学研究的内容时,实践与研究自然而然有机融合。一方面,研究促进教学实践的改进,使学习者受益;另一方面,实践的研究促进教师在研究能力和素养上的提高,使教师受益。

研究者（被研究者）的发声具有研究意义,但如何发声是研究者（被研究者）迫切需要学习和练习的。在阅读 Ellis 的专著时,我欣喜地发现她所提供的三种发声方式,正是我所喜欢和希望能实现的:自我的声音、对话的声音以及公开的声音。

一、自我的声音

Ellis在书中构建了一个独白场景——坐车回家途中,她常常对当天课程中发生的关键性事件展开自我对话。这个场景的创设将Ellis置于一个纯粹自我的环境中,从单纯的自我视角对发生的事件进行审视。反思对于自我民族志学者而言,是至关重要的学术习惯。

生活中,我也常常会有相似的场景。每次有课的时候,我坐着校车往返于家和学校之间,路上大约需要1个小时。这个时候,我喜欢自言自语。去上课的路上,我会设想当天课堂上可能会发生的事情。听着手机里的广播,看看是否有可以和学生分享或者即兴讨论的内容。回家的路上,我常常还处于下课后的兴奋状态,会对课堂上发生的事情反复回想。刚开始,仅仅觉得有趣,是一种不自觉的自然发生的行为,后来我意识到这种回想的本质是自我反思的一种形式,我去买了一支录音笔。

案例一:2017年7月,一个学期的大学英语课程结束了。作为翻转课堂小组的成员教师,我也需要提交一份教师反思。我在回家的路上开始酝酿,使用录音笔记录了自己的独白。到家后,根据录音资料进行了整理。

坦白说,我对现代教学技术带给课堂教学的影响之迅猛,是有些暗恐的。这些年课堂教学教育技术的变化日新月异,不论是同事还是学生,不论在校园内还是在校园外,都能看到或者用到很多新的软件、新的程序和新的平台。这些新鲜事物对我的吸引力是强大的,但同时我也很担心自己不努力学习,便会落后于时代。所以当结合微课技术和网络平台的翻转课堂教学模式应用到英语教学课堂时,我是持非常积极的态度去迎接和面对的。在这个教学实验过程中,应该说喜悦和担忧是并存的。

喜悦的是翻转课堂模式在一定程度上丰富了教学资源，优化了教学设计，并加强了团队建设。

丰富教学资源应该是翻转课堂最直接凸显的优势。在上课之前，教师团队需要利用假期时间，建设教学资源。相对于传统的教学模式而言，此项工作在最开始的阶段，教师似乎要付出更多的时间和精力，需要自己制作微课课件，这不仅需要学习运用新技术，也需要学习新的教学设计理念。这个过程对我而言，是教学相长的第一步。在制作微课的过程中，我常常把自己放在学生的角度去思考如何能在短短几分钟的视频中展示出学生能接受、愿意接受的知识点或者信息点。同理心让我在实际教学过程中更亲近学生，更容易发现师生关系可能存在的问题。毕竟，现在我和学生之间的年龄差越来越大，代沟也日益明显。

优化教学设计也是翻转课堂的优势之一。通过课前的自主学习，学生是带着问题进入课堂的。大学阶段语言类的课程更多地强调学生的实际运用能力，而不仅仅是单个的知识点。因此，课前的预习和自主学习，课后的复习和操练尤为重要。这点，在翻转课堂的教学设计中被凸显。学生在一定程度上加强了课外与课堂内学习的联系。

同时，在备课的过程中，因为涉及集体备课和合作，教师团队不仅仅需要协同，还需要相互督促。应该说，对于像我这样的拖延症重度患者，这种团队的督促是非常必要且重要的。并且，在网络平台的建设中，能跟同行请教学习，看到每位老师不同的教学风格、各有特色的教学设计和教学理念，也是一种思想火花的碰撞。从某种程度而言，这是一种良性的教学共同体的运作和成长。

但不可否认的是，担忧同样也萦绕了我的整个教学过程。翻转课堂教学在具体实施过程中，总有不如人意之处，我心里多少还是存在一定的困惑。第一个困惑是如何实现线上线下教学的紧密联系？学生自主学习效果如何，用什么方法去验证学生翻转课堂学习的效果？其自主学习能力是否得到培养和锻炼？学生是否真心喜欢翻转课堂这个教学模式？教学平台的设计在哪些方面应该进一步改进？

线上线下教学的紧密联系，是我在整个教学设计过程中最为关注的一个环节。如果线上线下教学脱节，那么线上的教学内容对于学生而言，反而成了学习负担。但在实际教学设计中，如果过度关注线上的教学内容，又会过多占用课堂教学的时间。经过一个学期的操练，我发觉，如果只是简单地检测线上的教学内容，课堂教学时间的安排会比较宽松和合理，但形式过于单一，且只能检测学生是否知道了这个知识点，至于能否运用，还是要打一个问号的。如果我设计的是一个口语类活动，会鼓励学生运用线上自学的内容，这样的效果是非常不错的，但会占用较多的课堂教学时间，从而影响线下的教学设计。这中间的矛盾，如何解决？很可能需要通过进一步优化教学设计，同时加强课堂教学的时间管理，调动学生的自主学习管理能力来解决。

第二个困惑是翻转课堂的教学效果到底如何？和传统的教学模式相比，其教学优势体现在哪里？从学习成绩上而言，我个人的感性认识是优势并不是特别明显，学生期末的卷面成绩是否真的能有几个百分点的提高，这个涉及的可变因素太多，感觉无从下手去验证。从学习能力而言，这个测量指标又相对主观，通过调查问卷和访谈的方式去了解学生的体验和感受可能是不错的方式与渠道，但学生的感受和认知并不等同于其自身的自主学习能力，是否可以通过一个自主学习能力测量表，来帮助测定学生的自主学习能力，从而推断翻转课堂在培养学生自主学习能力方面的作用？

第三个困惑是学生对待翻转课堂的态度。总体而言，在和学生的日常沟通中，我发现学生对翻转课堂持较为乐观和积极的态度。他们是"95后"，对于网络技术的应用完全不陌生，甚至可以说，这是他们日常生活的一部分，所以他们不太会去质疑这个教学模式存在的必要性。但是他们对于平台使用的不方便、课外学习任务的增加，多少会有些微词。可能因为我接手的班级处于第三、四个学期的学习，他们对于翻转课堂的接受度是很高的，但似乎少了些积极性，只是被动地接受了这样一个教学模式。如果问他们是否愿意回到传统的教学模式，他们似乎觉得回到过去也没有特别好或者不好。被动接受（"被自主"），我个人觉得，会在一定程度上影响翻转课堂的教学效果，毕竟自主学习能力的培养还是很需要学生发挥主观能动性的。

第四个困惑是教学平台的设计。应该说，这一点我不只是担忧，更多的是不满意。总的来说，某平台的运行还算稳定。但我参加过PMI监考测试的网上考前培训，其平台的用户体验是非常不错的，题目形式的多样性和界面设计的亲民度让我对长时间的培训和测试没有那么强烈的抵触情绪。坦白说，目前所使用的平台，在很大程度上限制了教师的教学设计。填空题等主观题型的设置，几乎是零容错率；发布后，如果稍做修改，就会影响所有学生的记录；还有答案的批改，成绩是对的，但是钩和叉却是不符合的。这给后期的教学管理造成了较大的麻烦。同时，网络平台的互动环节需要改进。小组成员在网络平台上的自主互动沟通，未能以清晰的界面呈现，导致到目前为止，这个互动功能还未被良好使用。

以上是我一些不成熟的感想。

这是学期结束后我对整个学期教学改革的一次自我对话，这帮助我加深了对翻转课堂教学模式改革的认识。从中可以发现，在整个教改过程中，我最为关注的是以下几个方面。首先是教学资源的提供和使用。翻转课堂在一定程度上丰富了教学资源，在不占用课堂教学时间的前提下，给予学生较多的学习资源，但同时也带来了如何有效使用网络学习资源的问题。其次是教学设计的优化。翻转课堂通过网络学习让学生在课外进行自学，延伸了课堂教学时间,将课堂内外、线上线下关联起来。学习不再只是课堂上的任务,它融入了生活。同时,这也对教师提出了新的挑战,如何让课堂内外、线上线下的关联有效融合,促进学生学习,成为非常必要、亟待解决的问题。再次是学习者的自主学习意愿和能力。菜品再丰富,厨师的厨艺再高超,最终都必须由进食者品尝才能算数。学习者对待翻转课堂教学模式的接受度和满意度是至关重要的。最后是教学合作者的相互学习和督促。在强调学习者合作学习的同时,我也尤为关注教师的团队合作。

这样,自我的声音不再只是研究者对过往教学经验的回顾,它能帮助被研究者(研究者)培养问题意识,在接下来的教学改革中找到研究和努力的方向。

这就是我的独白时刻。在这个属于自己的时空里,回想课堂上的具体事件或者整个学期的教学设计,让我很享受。我的关注点也随着教学经历的增长而发生变化,从最开始关注某个具体的教学活动设计和教学效果,到后来关注师生之间的互动,再到关注自己的教学行为。再次回顾自己之前的语音记录,我感觉到自己十几年教学体验的变化。我相信这些语音记录是自己职业成长的声音,是我十几年教学体验的一种呈现。于我,这是一份宝藏。但它们的存在对他人,特别是大学英语教师以及学生们有意义吗?如果有,又是怎样的一种意义呢?

要回答这些问题,首先需要理解自我的重要性以及研究自我的可行性,这就需要我们理解自我民族志的研究内容和研究视角。

自我民族志=自我+民族志。自我民族志之所以能区别于其他质性研究方法就在于它的研究内容——"自我"。个人的故事,即生活经历和体验应该从社会学角度被记录和分析(Ellis,2004:19),且可与自我民族志研究共存(Wall,2006:158)。研究者即被研究者,以完全局内人的身份解读自我经历,这是最接近被研究群体内心的渠道之一,亦是为了帮助局内人以及局外人更好地理解文化,民族志研究与文化相关的行为、共有价值和信念以及共有体验(Maso,2001)。民族志强调文化视角,而教育是重要的文化现象。因此,自我民族志从文化视角去研究教育者的教育行为及其背后的理念十分必要。自我是教师构建职业本质的重要元素。作为完全局内人的教师研究者，全面而深入地观察、认知并理解自己所在群体的教学行为以及与社会文化之间的联系，这就是大学英语教师的自我民族志研究。

我常想，当研究者与被研究者分离，以旁观者的视角去解读被研究者的思想，如何保证研究者的解读是准确的呢？当然，现代质性研究范式已有一套相当成熟的研究方法和体系来提高质性研究的效度和信度。而研究者和被研究者合二为一的自我民族志的研究方法，可以认真"聆听"被研究者的内心，这也正是直视研究的方法之一。我们并不强调这是唯一的或最好的方法，这只是众多不同的研究方法之一。

Wall(2006:158)提到自己的故事可以和自我民族志研究并存，把自我当作认识自我的研究对象去挖掘自我与文化之间的联系。Sparkes(2000:21)认为自我民族志加深了对社会科学的研究，是基于研究者自己的经历且极具个人特色的研究，它让你通过自己去接近文化(Pelias,2003:372)。自我民族志能帮助研究者观察自我、认识自我、理解自我、接受自我并直视自我，帮助自己得到提升，最终由己及人，将个人的经历与他人、社会以及文化建立联系。

Freema在其《自传性理解和叙事研究》一文中提出基于叙事研究中一手材料的自传写作文本进行自传性理解，强调最真实的体验文本来自反思、记忆和叙事。她进一步提出将自传性理解渗透于叙事研究，若由同时兼具研究者和被研究者身份的作者来进行自传性理解，则使得自我民族志研究得以实现。虽然Freema的一系列研究中从未使用过自我民族志这个术语，但其强调叙事研究中的"自我(the self/selfhood/self-representation)"视角。自我是一种创造性的结果，作为作品，获得了可能性的统一(Bruner,1993)。

自我的声音是有价值的，我坚信。

二、对话的声音

Ellis的自我民族志研究最常用的写作形式是对话：她与学生的课堂话

语,她与Bochner的家庭话语,她与其他研究者之间的学术话语。对话是人与人交往的最基本形式之一,也是自我民族志学者与他人建立联系的一种呈现方式。

我也特别青睐这种方式。对话在一定意义上是需要思辨的,通过和他人的对话,我常常进行相应的反思和探索。

案例二:2013年3月,我和教师Z在学院合作组织了一场名为"青年教师困惑——突破与成长"的教学午餐会。会议以两人对话的形式进行:

我:对的,一方面是学生发生了变化,"90后"学生从某种程度上来说,是比较有想法的,他们会比较主动地表达自己的情绪。而从另一方面来说,这是否能说明,你和学生的关系是一种"伙伴式"的师生关系? 在学生挑战你的权威时,你更多的是采取一种"释疑"的态度,并且给他们自己选择的权利?

教师Z:……是的,……,但同时,我也会觉得自己和学生之间的距离发生了变化。

我:我也有同感。以前,讲起学生的时候,我会用"学生"这个词做一个笼统的称呼,但是现在,我会不自觉地用"孩子"这个称呼。突然发现这个变化的时候,我其实是有点儿彷徨的,因为从某个方面来说,这是我自己心态的变化。

教师Z:是的,这就有了我要和大家分享的第二个故事。一个有关"拥抱"的故事……

我:我也有一个"拥抱"的故事,但正好和你是反过来的。课堂上,我对学生赞扬的方式发生了改变,以前喜欢用marvelous、amazing之类的词,现在我更多的是用肢体语言,拥抱或者拍拍肩膀。我记得第一次在旅游X9A班,有个孩子在课堂讨论时给出了一个非常有意思的想法,我给了她一个大大的拥抱,其实学生的肢体反应告诉我她很紧张,可是后来,慢慢地,班上的同学会觉得这是一个莫大的赞许,因为他们会感受到你是真心喜欢他们的这种表现。但你觉得,这种教师角色的变化,给你的课堂带来了怎样的连锁反应呢?

教师Z:我会在平等民主的氛围中,注重"恩威并施"的有效管理了……

我:我的理解是在这种"伙伴式"的师生关系中,核心词是平等和管理。在你的故事里,我能感受到的就是那句"亲其师,信其道",这里"亲"是指师生关系,"道"是指完善自我。独善其身,才能兼济天下。

教师Z:是的,那么怎样才能完善自我,实现一种自我的突破呢?

我:我个人感觉独善其身其实挺难的,我比较感兴趣的是课堂设计,所以我会更多地把自己的关注点放在课堂教学上。最初,我在课堂上比较强调分享,我不太喜欢用"教书"这个词,我觉得教学的过程,是我有一些东西,知识也好,技能也好,我非常愿意和大家分享,那么在这样的课堂中,我常常采取自由问答的方式,让学生参与分享。

教师Z:效果好吗?

我:在实际过程中,我会发现,分享型的课堂,教师的魅力非常重要,因为你在展示你的知识储备,你的个性魅力。如果把控得好,学生会被你深深吸引,思路也会跟着你走,但这是最理想的状态,因为这受到太多因素的影响,比如授课内容。大学外语的课是跟着主题走的,所以不是每个主题都是自己擅长的,比如体育,我就完全是个门外汉,如果我提不出有效的问题,学生就很难参与进来,即便他们很感兴趣。

教师Z:怎么办呢?

我:我尝试反过来,让学生来分享他们有的知识储备,这样我的课堂形式就转向了任务型教学。通过任务的形式,让学生参与分享,所以它其实是分享型教学的一种延续。在任务中,学生会通过自主学习和合作学习等方式,将他们所获得的信息,通过英语这

个载体,和大家进行分享。这在一定程度上,提高了学生的参
与度。

采用对话形式而不是独白形式,在一定程度上活跃了会场的气氛,互问
互答的方式,有助于话题的自然引出和转移,增加了讨论的故事性,更为贴
近生活。

在这里,和我对话的是同处于教学第一线的同行,我们有相似的工作背
景、教学环境,但我们又有不同的教学兴趣、教学经验。如果说自我的声音
是研究者(被研究者)对自我最近距离的审视,那么对话的声音则是通过他
人的声音帮助研究者(被研究者)从不同角度进行审视。与他人对话时,我
们或会产生共鸣(教师Z提到自己和学生的距离发生了变化,我也有同感;
两个对话者讲述的"拥抱"的故事),或会提出问题(教师Z在讨论中提出的
一连串问题,帮助我深入阐述如何通过分享型课堂,实现"亲其师,信其
道"),在分享共鸣和解答问题的过程中,我们对自我的教学行为和经历进行
了深入思考,同时对话者也身临其境,共同感知。知识和经验得以分享、传
播,得以研讨、探究。

案例三:2014年上半年,研究生H对我进行了一个学期的课堂观察和深
度访谈,研究生H在听课后对我进行了一次深度采访。

研究生H:我觉得我们今天的课很让人享受。

我:嗯,你会发现每个班的特色都不一样。这个班的特色是,
他们喜欢自由交流。嗯,他们比较善于表达自我……你今天还发
现有几个学生比较"置身事外",有个男生的性格和这个班其他同
学不太一样,小组内部讨论时,遇到他感兴趣的话题他会很投入,
但是像这样全班的问答形式他一般会在外面坐着。

研究生H:是不是坐在这组的最后一个男生?

我:对的,他经常处于这种状态。坐在你前面的那一组男生,
他们很容易游离在课堂外。但是这个班的大部分同学,还是比较

喜欢这种交流的,他们的兴趣爱好还是比较……比较……集中的。

研究生 H:特别是做第一个 presentation 的时候,大概大家也都对那个话题比较感兴趣。提问的时候,几乎每个同学都很积极,不管说什么大家都一起在笑。

我:对,他们班的氛围特别轻松,其他班级在这个活动中的表现就是"中规中矩"的。

研究生 H:上次他们表现得好像真的很……

我:是的,上次真的是一个 surprise。怎么讲呢,他们班一贯以来就是以平常的方式来解决问题,但是那天他们班的表现特别精彩。我觉得一是因为那个活动可能比较适合他们的性格,二是因为那天那两个学生在他们班属于比较有个性的,喜欢辩论,可能是他们带动了其他同学。那天和今天的状态很像,全班的同学都在听,都聚焦在这个教学活动中。我还带另一个班,三班。其他两个班,我90%用英文,要求他们也尽量用英文,同学们也不反感。但三班不太一样,他们比较愿意挑战权威,喜欢质疑。就像他们可能会说,何必呢,都是中国人,讲中文就好了。那我就和他们说我们在课后可以用中文讨论,但在课上还是尽量要用英文。因为当你发现语言成为你思维表达的局限时,你才会有欲望去找到相应的英文表达方式。每次他们课后,我会给课代表发信息,让她提醒其他同学去总结哪一方面的单词。因为你会发现这些班级的学生基础好,我很少会给他们基础性的语言知识点的资料。

研究生 H:是的,我发现课文中的那些他们好像都是自学的。

我:对,我以前听学生提到有些老师一直在讲课本上的东西,他们会觉得这些课本上的东西自己完全可以自学,不需要在课堂上再听一遍。其实我自己很赞成这个观点,能自学的东西在课堂上我就把重点提一下。而且他们的自学能力比我们强多了,像我们当老师的,现在的自学能力已经到了一个停滞的阶段,而他们的自学能力很强。三班的学生是最具有叛逆精神的。他们会说你这个讨论为什么要给我规定啊，为什么第一步做这个，第二步做那个啦……我就要花很多的时间和他们沟通。他们经常会聚焦在意义上，我这么做的意义是什么？现在在这个班上我会非常强调这点，我为什么这么做。结果我发现一个学期下来，他们虽然会质疑，但他们还是会按照我的方法去做。效果嘛，只能等到以后才会有所体现，不能要求他们一开始就体现出来哦。

研究生 H：不过这种班级的学生会比较有创造性思维吧。

我：对，我也发现一个很有意思的现象。这个学院的学生都应该是学霸类型的，书本上的知识都弄得很懂。三个班的特色不一样，活动中表现出来的效果也不一样。像这个班的学生，他们很喜欢这样的自由发挥，尽管你听录音的话会发现很多语言表达不是很到位。

研究生 H：但是我发现他们很敢讲，就算知道自己英文讲得不是很好。

我：对，这点是我最喜欢的。三班让我最头痛的就是这点，他们很容易放弃，很容易觉得说我要用中文。从语言质量来说一班是最高的，而二班是最活跃的，三班是最具叛逆精神的。所以我觉得三个班的教学都挺具挑战性的。

研究生 H：三个班的特色不一样，那课程安排会不会有一些变化？

我：我会在细节上有一些变化，但大方向不会，因为这些活动的设定和课文都是一致的。比如说今天早上的这个班，他们可能对这个话题不感兴趣，进度也是比较慢的。这说明这个话题的常规效果就是这样。我在这个班上的时候没有强调他们找不同，我给他们布置了不一样的任务，要求他们去质疑别人。因为他们在完成课堂任务时很容易观点趋同，所以在这个班我就说你们必须找到一个不认同的观点。这样的话他们小组内部的讨论会比较有针对性一些，但大方向我不太会去改。坦白来说备课量比较大，特别是作业批改量很大。小细节上我根据他们的性格进行调整,而且小细节上的微调多半是根据我的十几年教学经验得来的。

研究生 H:老师你以前说过,学生在出现一些语法错误的时候不会直接纠正他们。刚才第二组同学在做完 presentation 后回答问题时一直把设计说成 designer,但应该是 design。结果后来的同学站起来发问时也一直把 design 说成 designer,在这种情况下若不去纠正会不会导致他们将错误的用法一直持续下去?

我:我当时没有发现你刚说的这个问题,所以我没去纠正。如果我发现这个问题的话,你会发现我不会直接说他们错了,我会用正确的方式重复一下,这种方式很期待学生的自觉性。但你会发现这种方式没有那么直接的效果。因为学生觉得虽然你说了,但他没有必要重复你的用法,这种自我纠错的意识不强。

研究生 H:老师,这个做 presentation 的小组是选定的还是指定的?

我:是他们自愿报名的。

研究生 H:那应该不止两组报名吧。

我:是的,不止两组。是这样的,他们做 presentation 会有加分。学生只要是认认真真做的,我基本上会给分。其实我有三个评分的标准,只要是自愿上来做的,我会给 V card;如果是做得非常优秀的,我会给 A card;如果是很有意思,但又不是很优秀的,我会给个 W card(wish card)。所以三个卡的作用不一样,但他们会发现 W card 是最有用的,它可以用来代替 A,在没拿到 8 个 A 的前提下。W card 还可以用来提要求,可以用来请假,可以用来加分,所以他们觉得 W card 是万能的。A card 更侧重他们的语言表达,W card 更侧重他们的创造性观点,V card 更侧重他们的自主性。但我觉得 V card 还是有用的,上个学期我发现没那么多人站起来回答问题,但这个学期主动站起来回答问题的学生人数普遍增加了。

和案例二中与同事的对话不同,这其实是通过另一个研究者的提问,帮助被研究者(研究者)进行自我审视和反思。因此,对话的主题大多由另一个研究者主导。但由于对话本身具有的交互性,被研究者也同样在对话的交互中,在一定程度上引导话题。研究生 H 的研究课题是英语教学中的后方法,因此她的关注点主要集中于教学设计和教学方法的调整与融合。因此,我和她的对话更多的是对我所教三个班级的不同特点进行的分析,以及根据他们的不同特点,我对所采用的教学方法的调整反思。除此之外,她对课堂纠错这一教学行为很感兴趣,在多次采访中提及。我的回答也从侧面反映了我对课堂纠错的理解和态度(避免直接指错,通过示范方式让学生明白,强调培养学生的自主纠错能力)。第三个采访问题是关于学生自主选择课堂任务的评价方式。研究生 H 对这一点没有集中关注,但是我对此进行了比较详细的介绍。因为这个评价体系的构建是当时我所进行的伙伴式师生关系教学改革的重点内容之一。

和不同身份的"他人"展开的对话,能帮助研究者(被研究者)从不同视角进行思考,在一定程度上弥补了自我声音的个体局限性。

对话其实是所有叙述参与者共同创造的产品。从大量针对职前教师或在职教师的发展历程的研究来看,对话是一种重要的学习途径。对话过程可以从不同视角对一个问题进行探讨。

对话是极其生活化和场景化的。通过对话的形式探讨研究主题,贴近研究者(被研究者)本人,能让读者轻易参与对话,提升亲近感。所以,从这个层面来看,自我民族志研究学者并不孤单,他总是与他所在的群体、社会和文化发生联系。对于自我的研究,并不是孤立自我或闭门造车,而是以自我作为研究的内容,探究自我与周围共同体之间的文化联系。

三、公开的声音

学术研究的目的之一是传播和可复制。一项研究如果只是闭门造车,或者只是作为研究者(被研究者)自娱自乐的内容,或者自我疗伤的安慰剂,那么在学术价值的传播上就会大打折扣。

所以除了通过自我的声音进行反思,通过对话的声音进行合作,我们还需要通过公开的声音进行传播,这样自我民族志研究者的声音才能真正被听见。公开声音的渠道主要是自我民族志研究的作品展示。

但我们需要面对现实。Ellis在第十次课堂上和学生探讨自我民族志的评价与发表的问题时,罗列了一系列接受自我民族志研究的学术期刊、研究年会等,但同时也并未回避自我民族志研究发表所面临的困境。

首先,接受自我民族志研究的期刊和学术会议多为专门的质性研究或与教育相关的学术会议,范围并不广,而很多自我民族志研究会的会议成果以专著或者论文集的形式出版。这与自我民族志研究本身的特色相关。其次,接受自我民族志研究的期刊存在不确定性,这与期刊的执行主编有关(Ellis,2004:263)。期刊对文章的接受与主编对研究的信念和理解相关。当主编发生变化后,很可能原本接受自我民族志研究的期刊会发生变化。再次,很多自我民族志研究投稿商业性出版社,通过专著、论文集的形式进行学术传播。

被拒稿后的沮丧情绪是相似的。沮丧后带来的是一系列的自我质疑:我选择研究自我民族志的方向是正确的吗?有意义吗?如果我的研究得不到人们的认可,那么它的学术价值何在?它只是自我疗伤的安慰剂吗?事实上,大多数老师都有相似的经历和体会。这并不是自我民族志研究者独有的痛苦,只不过自我民族志研究自诞生以来就伴随着质疑。

首先,主观性和客观性问题。传统的学术研究强调研究的客观公正。如果只是自说自话,陷入自我循环验证,如何证明其研究的效度和信度?即使在传统的质性研究范式中也强调语料编码、三角验证以及扎根理论的运用。那么自我民族志所强调的学术艺术性,即以讲故事的方式进行的个体研究,如何证明其结果的客观和公正呢?Ellis等自我民族志研究者提出,学术研究范式应该是百花齐放、包罗万象的。自我民族志研究从来都不强调研究的客观性,它也不避讳研究的主观性。研究是人为的,既然有研究者,那么研究者本身的理论素养、知识背景,乃至生活阅历就不可避免地影响着研究结果。现在出现的"研究者缺失"现象,从表面上看凸显了研究的客观性,实际上却规避了研究者在研究过程中的影响和作用。在自我民族志研究中,我们直面研究者(被研究者)的能量,我们承认研究者(被研究者)在研究过程中产生的主观的情绪和影响,我们主动研究这种影响。这是一个自我民族志研究者应有的科学态度。

其次,艺术性和学术性问题。自我民族志的写作强调情感唤起,即共鸣,这是自我民族志研究和写作的目标之一。通过构建研究的故事场景,从生活情境的细节描写入手,来营造研究氛围,这些艺术性的文本处理方式让许多学者产生怀疑。艺术性与学术性是否可以共存?自我民族志研究者认为是可以共存的,这只是表述学术观点时采用了艺术性或文学性的表达形式。而正是因为这种艺术性和情感性的表达方式,让研究有了温度和深度,吸引了更多的人参与这一学术研究。这对于学术的传播性而言是有益的。

自我民族志研究者公开声音渠道的选择主要因所研究问题和研究设计的不同而有所不同。我所面临的选择是以论文的形式还是专著的形式公开自己以及对话的声音。由于本次研究的主题是我作为一名大学英语教师教研成长的历程,包含教研反思、教研案例、学生作品等一手研究素材,是一个发展的过程,我希望以此作为我对过往成长的一个阶段性总结,因此,我决定以专著的形式进行论述。也正因为这三种声音(自我的声音、对话的声音、公开的声音)才有了本书的书名《成长的声音——大学英语教师教研成长的自我民族志研究》。

学而解惑——质疑释疑

伴随着共鸣的是一连串的疑问。Carolyn Ellis 的写作方式确实惊艳,让我有种看着小说进行学术理论学习的感觉。但小说与学术研究的写作方式是极为不同的,两者的共存共融给我带来的是强烈的冲击。共鸣带给我极强烈的学术亲近感,然而疑惑也接踵而来。在质疑和释疑的过程中,我加深了对自我民族志研究的理解。

一、情感唤起还是分析阐述（*Evocative Autoethnography or Analytic Autoethnography*）

Ellis（2004：135）认为优秀的自我民族志研究作品应该诚实坦率，直面脆弱，唤醒情感，有治愈作用。通过建构或重新建构我们的记忆以及体验，使读者代入场景，调动感觉器官去感受细节，唤醒读者以往的经验，去感知作者的情感，而不是告诉读者发生了什么（Ellis，2004：140，142；Ellis and Bochner，2006：431）。Stacy Holman Jones曾用一首伤感情歌来比喻自我民族志写作，作者希望与读者产生情感交流，如同沉浸在爱中，体会欲望、痛苦与期盼、智慧，甚至嫉妒等（转引自Ellis，2004：143）。

Anderson肯定了Ellis等热情、富有创造力的研究者为方法论创新所做出的贡献，认为他们不仅为自我民族志研究提供了理论研究范式，还进行了相应的实践研究。但他指出情感唤起式自我民族志过于强调自我民族志写作的情感渲染，从而掩盖了自我民族志与传统民族志研究的兼容性（2006：373—374），他认为分析式自我民族志是分析式民族志研究的分支（Anderson，2006：374；Hayler，2011：19），应该遵循传统民族志研究的惯例。

他提出分析式自我民族志的定义：（1）研究者是该研究项目的局内人；（2）研究者必须出现在学术写作中；（3）研究者应针对广泛的社会现象进行理论分析，促进理论研究（Anderson，2006：375）。据此，分析式自我民族志写作的五个主要特征分别是：（1）研究者的局内人身份；（2）反思性分析；（3）研究者对自我的叙事研究；（4）研究者（self）与其他被调查者（informants）之间的对话；（5）理论分析。（378）

Carolyn Ellis和Art Bochner在"Analyzing Analytic Autoethnography：An Autopsy"一文中对此进行了回应。有趣的是，Ellis和Bochner从未将自己所进行的自我民族志研究定义为唤醒式自我民族志，并明确表示不喜欢这个界定（Ellis and Bochner，2006：435）。因为在他们看来，情感唤醒是自我民族志写作的目标,而非自我民族志研究的分类标准,并认为所有的自我民族志都应该具有情感唤醒的作用,唯一的区别在于他们通过讲故事的方式进行理论分析和总结(Ellis and Bochner,2006:436)。理论分析与情感表述较为完美地糅合在对话之中,他们将自己在理论认识过程的纠结、徘徊和困惑也一并展示,凸显自己研究过程中的心路历程,情感的表述并没有影响他们对理论的分析和论述,反而帮助读者更好地理解他们对于理论的表达。

情感唤起式和分析阐述式两者对自我民族志研究内涵有统一认识。最大的区别在于是否需要在自我民族志写作中进行理论分析,这体现在研究的呈现方式上。不同的研究问题、研究目的采用不同的研究设计和研究思路,同样,自我民族志学者也能采用不同的写作方式来呈现。

在我看来,两种自我民族志的研究方法具有异曲同工之妙。情感唤起式凸显研究的艺术性、情感性,以一种有温度的研究传播理念。而分析阐述式则有效地运用了质性研究较为成熟的研究框架,在有温度的研究之余,用尽量多的渠道和资料来验证自我阐述的科学性。至于采取何种方式进行研究写作,这应该与研究主题和问题相关,应根据不同的研究问题、研究背景,进行不同的研究设计,采用不同的研究写作范式。

自我民族志一开始就对学术研究采取了极为包容的态度,相信两者之争并不会阻碍更多的自我民族志研究者进入这个领域,反而会让更多的学者以自己喜爱或者擅长的方式进行相关研究。

二、文学性还是学术性(*Artistic or Academic*)

文学性还是学术性?这个问题其实涉及的是自我民族志研究的效度问题。Freema提及叙事研究自传式理解所需要面临的一个挑战是其能否被认定具有充分的真理性,从而在科学知识殿堂中赢得有效的、合法的和重要的地位(Freema,2012)。具体而言,是数据的合法性问题,即如何处理自我民族志研究中所收集的一手资料。未经理论阐释而以日记等形式直接呈现的社会事实,能够用作自我民族志研究的有效表述吗?以此种方式进行的写作,能否算作自我民族志研究的学术写作?

这需要我们建立自我民族志的效度标准。Ellis(2004:124)认为自我民族志研究的效度即真实性(verisimilitude),其所描述的生活化的、可信的和可能的体验应该能激发读者的情感,帮助读者与他人进行沟通,或为研究者和读者提供一个自我改进的渠道。

自我民族志研究的文学性和学术性并不是互相矛盾的存在。与其质疑这种研究方法,不如思考如何改进这种研究方法,如何将其与其他的研究方法相结合,更深入地帮助我们进行研究。杨鲁新老师将自我民族志置于质性研究的框架下,遵循质性数据分析原则,对数据进行了主题提炼和多种数据间的相互印证和互动分析(2018:55),给出了自我民族志提升信度和效度的一个可能且行之有效的解决方案。

三、虚构与事实

在序言中,Ellis坦承虚构了"Communicating Autoethnography"课程教学指导的场景,九名听课的学生中也有两名是虚构的。这让我产生了极大的质疑。学术研究竟然可以虚构?我们所接受的传统学术教育,让我们有着根深蒂固的概念:分析的数据和归纳的结论应基于事实。而这本书的基础写作情境居然是作者虚构的,那应如何确保自我民族志研究的有效性呢?

读到该专著的最后一个章节"方法论的自我民族志写作——像民族志学者一样思考,像小说家一样写作",我才理解了Ellis对于自我民族志写作范式的观点,之前有关"虚构"的疑惑也得到了解答。

虽然Ellis没有真正讲授"Communicating Autoethnography"这门课程,但该场景以及学生的设计来自她多年的自我民族志的学习、研究和讲授,这种设计是基于她作为民族志学者的研究的基础之上的,并不是纯粹的小说创作。

虚构场景的作用是更好地帮助读者去理解作者的观点。我的整个学习体验其实也是一个极好的证明。正是这个虚拟的课程教学给我建构了一个虚拟的学习场景,让我得以在虚拟的课堂里和这些学生一起学习。在这个虚构的教学场景中,学生课堂内外的讨论和他们所分享的研究体验加深了我对自我民族志理论学习的兴趣,同时也加深了我对该理论的理解。我的理解并没有因为这个虚构的场景和角色而受到负面的影响。这其实对自我民族志学者提出了更高的写作要求——既要有适当的创作性,也不能影响作者对观点的准确表达和读者对观点的准确解读。

　　Ellis认为自我民族志的写作应该依据文学作品写作的惯例(Ellis,2004:xix)。自我民族志在一定程度上可以虚构场景,这是为了帮助民族志学者更好地呈现自己的观点,帮助读者更好地理解其观点(Ellis,2004:333),同时建构起两者之间的共鸣。但这种虚构是建立在事实基础之上,并与之紧密联系的,其前提是不影响民族志学者本身需要传达的观点,不等同于弄虚作假。在这一点上,自我民族志的写作可以看作民族志小说(ethnographic fiction)或自我民族志小说(autoethnographic fiction)。民族志学者与小说家在寻求真相的道路上共存,他们并非传达真理的两个势不两立的对手(Rorty,1982:203)。自我民族志的写作与小说创作的共同点是寻找真相并传达真相(Ellis,2004:332),并不是描述或者表述事实。在自我民族志写作中,相对于事实,观点更重要。

吾之成长——寻求自我

　　后现代主义的精髓在于质疑已有研究方法的权威性,强调多种研究方法的并存,没有任何一种研究方法一定优于其他方法 (Wall,2006:147)。通过叙事的方式将个人经历概念化是一种有效的途径,能引起个人的反思和改变。自我民族志提供了一种思考方式。杜威认为生活阅历是教育的基础,人通过思考生活而学习教育,也通过思考教育而学习生活。(1993)通过自我民族志研究,作为教师的实践经历和作为教师研究者的探究经历,为我提供了一定的想象空间去持续内在满足感,去表达情绪、感受,在唤醒语言教学与研究主题发展意识、促进身份建构和发扬唯实求真精神等方面起到积极作用（孟春国，2018：12）。自我民族志研究帮助我进一步了解自我、认识自我、理解自我，以及寻找自我（Belbase，Luitel and Taylor，2008：94）。自我民族志是一种研究个体与文化关系的研究方法，并没有成为社会研究的一种常规方法。过去的经历会呈现在我们现在或者将来的行为和计划之中（Hayler，2011）。

自我民族志研究和写作方法犹如一把钥匙，开启了我对过往教学经历和教学体验思考的大门。

通过这本书（公开的声音），你会听到我的自我反思（自我的声音）、我和他人的对话（对话的声音）。我希望通过这样的方式，与你交流，与你共情，让你我进一步感受到教学是一个有着强大生命力和复杂性的生态体系，而在这样的生态体系中成长的教师亦是具有活力和温度的个体。对他们的研究不应停留在割裂的、片面的某些理论的层面。从"局内人"视角对其进行细致的观察和分析，会给更深刻的探究提供一种可能性。

研究实践

纸上得来终觉浅，绝知此事要躬行。

——《冬夜读书示子聿》

（宋）陆游

吾说吾事——聚焦成长

　　2017年6月初,毕业季。虽然偶尔会有阵雨,但大多数时候都是多云,气温也几乎维持在30℃左右。这应该算是杭州比较舒服的梅雨季了。气候还算宜人,人的情绪却有些起伏。6日、7日和8日接连三天,我都沉浸在和2013级学生告别的不舍情绪之中。收到了两本毕业纪念册,还有百度云的毕业照片集,这是和我相处了一年半的ZNQ荣誉学院三个班的孩子们送给我的离校礼物。毕业聚餐时,在台上我和大家分享了临别之言,看着他们青春洋溢的笑脸,听着他们述说对大学生活的不舍,和他们相处中的点点滴滴又浮现在眼前。我清楚地知道毕业季的离别对我有多大的影响……

　　8日,送走了我认识的2013级最后一个学生。晚上,Q先生开着车带我到西湖边散心。这是我和Q先生多年养成的一个习惯。欣赏着夜晚的西湖,享受着夜晚的凉风,我总能敞开心胸,述说自己。而Q先生是一个非常不错的听众和对话者。

　　我:今天学生J来找我拍毕业照了。你认识他的,带队去南京参加辩论赛时,你说过他和学生D都是素质极高的男生。那时,我提过,希望咱家的小Q长大后也能像他们那样,对师长尊敬,对学业认真,对自己负责,对朋友真挚。

　　Q:嗯,我记得。不过你好像没有教过他?

　　我:是啊,我没有给他上过课,只是在辩论赛时和教师Z一起带过队。所以他来找我拍毕业照留念的时候,我真的很开心。这几天,还见了好几个学生,收到了他们送的临别小礼物,都是我喜欢的,有他们自制的明信片,还有用小篆体写了我中文名字的卡片等等,我还收获了一幅手绘的我的肖像画。从他们送的礼物来看,他们真的很了解我,知道我对字好、画好、有创造力的礼物毫无抗拒力。

Q：嗯，你和学生的相处也是双向交流。你发觉他们的好，他们也发觉你的好。

我：以前，我特别在意自己能给予他们什么样的知识或者培养什么样的技能。而在和学生的相处中，我慢慢地发生了改变。我教授的是一门语言课程。语言是文化和思想的载体，同时也受文化和思想的指导，所以只在乎语言点或者知识点的教学，绝对不符合大学生的培养目标。我开始在意他们会成为什么样的人，拥有怎样的思维方式，如何通过语言的提升帮助他们进行思想的表达。你知道吗？最开始我以为自己是单方面地在给予他们能量，后来我体会到在教学过程中我也有收获。而现在，我在意的是自己是否能和他们一起成长。我对于教学相长的理解，从最开始的共同学习变成了共同成长。

Q：共同学习和共同成长有区别吗？成长在你看来具体是什么？

我：我之所以用成长，而非学习，是因为我强调这是一个通过自主学习、实践、思考促进自我发展的过程。我觉得共同学习更多指的是一起学习相同的内容，像是携手走在同一条路上；而共同成长是我和学生可能需要学习的内容不一样，所走的路也不尽相同，也许不相交，但会一起前行。

Q：我挺喜欢你这个说法的。不过你和学生一定就没有相同的内容一起学习吗？

我：对哦，其实大学英语的学习应该是我们需要共同学习的内容，我们也需要一起学习相关的文化，进行语言和思维的训练，同时我们也有其他不同的学习内容，所以我们或许行走在不同的路上，路径可相交可分离，速度可快可慢，但都是朝着自我成长这个最终目标前行的。

Q：所谓条条大道通罗马吗？

我:嗯,我不想把学生只当作学习大学英语这门课的学生,而是当作一个完整的大学生来看待。他们有自己的专业,有社团活动,有课外生活……他们是一个完整的人,和我一样,有自己的兴趣爱好,有自己的喜怒哀乐。在学习中不割裂生活,生活中也包容学习。学习不能隔离于生活之外,这样的学习才是一种成长。不过,这些想法主要基于我的经验感受。

Q:我很赞同你的想法。不过,如果你对自己的想法不确定,那么最好的办法就是去阅读。我相信应该有学者做过相关研究的。

我:嗯,我已经在阅读相关书籍了。要不你以为我之前那些想法完全是凭空而来的吗?其实,我也有一个不成熟的想法,在阅读相关文献的同时,打算写一本书,总结自己这些年当老师的成长经历。

Q:这真是个不错的主意。我一直觉得你有能力写一本书。把你平日的积累做个总结,既可以作为自己的总结,又可以给他人以借鉴。

我:但是我又有些顾虑,下不了这个决心。我对于自己的学术水平还是有一定自知之明的。更何况我只是一个普通的老师,个人的这些经验总结有人要看吗?或者说有写出来的价值吗?

Q:我不是从事教育行业的,但就自己的认识来说,我觉得是有价值的。

我:我个人也觉得有价值,但不能自说自话。所以,要写这本书,我首先需要解决两个问题。第一个问题是写这本书的意义何在?具体而言,就是一个普通教师的成长经历及其积累的个人实践知识是否有研究和推广的价值与意义?第二个问题是如何进行写作?也就是采用什么样的研究方法。这个问题,其实两年前在纽约的时候,Dr. B 给了我一些建议,这两年我也一直在阅读有关这方面的著作,目前已有了自己的一些想法。

Q:那你打算如何开始呢?

　　我：一切从田野笔记开始，这些年写日记的习惯无意中成为我最大的助力。

　　我的情绪慢慢从毕业季的那种不舍所带来的不安中脱离了出来，有种踏实的感觉。我知道，我找到了自己接下去要走的路。虽然开始得比较晚，但至少我已经有了想要走下去的欲望。同样，毕业对于2013级的学生来说，并不是终止，而是继续生活的又一个开始。我们行走在不同的路上，但我们都找到了继续前行的方向和勇气。

第二章

师之以法:任务型教学

吾说吾事——巫师Ａ安

辅导小Q作业时,我好像变了一个人,脾气很容易失控,每次生气后,我很容易陷入自责的情绪之中。相对于巫师Ａ安带给我的获得感和满足感,辅导作业似乎带给我的总是挫败感和失控感。

我:我大概是具有神力的江湖人吧,混武林的。传说中的狮吼功,不习而得,说不定已经达到9层功力了。

Q:应该不算。你的狮吼功貌似只有小Q可以激活。很多时候,你还是比较平和的一个人。

我:为什么会这样呢? 关心则乱吗?

Q:可能是吧。不过,你当老师那么多年,对付学生应该有不少经验啊。

我:那是因为我从来不"对付"学生。

Q:嗯,我用错了动词。那你是不是可以尝试不"对付"小Q,把他当作你的学生,用你的教学经验、教学方法去跟他和他的作业相处呢?

我:我也没有"对付"小Q,但是教学上的方法好像对他没用。可能是我的心态问题,慢慢调整吧。不过上课时各种教学方法的尝试和使用,的确让我很开心。虽然有这么多年的教学体验,但现在我还是很容易被一堂上得畅快淋漓的课感动。

Q:这么多年,你在教学上没有遭遇过瓶颈期吗?

我:当然有。只不过上课对于我来说,有着致命的诱惑力。尤其这种诱惑力加上学生的肯定后,会产生一种幸福的获得感,它支撑了我十几年的教书生涯吧。

Q:这么多年,你应该很熟悉这种教学氛围了吧。我记得你父亲曾经提过一种社会上的普通看法。英语嘛,作为一种语言,这么多年不会有什么大变化。作为资深教师,你走进教室就知道该怎样上课了。这样炒现饭,你不觉得会丧失教学热情吗?

我:对于这种观点,我只能说太无奈了。坦白说,这么多年来,英语教学一直在变化,学生也在变化,教学技术也在变化,教学理论也在改进,怎么能说一成不变呢? 更何况,我也在变化。根据不同的教学目标、教学内容、教学对象,使用不同的教学技术、教学设计,而且在教学实施过程中还要处理不可预知的事件,这一切就像是魔法课堂一样。

Q:好吧,魔法课堂的巫师A安,差不多该回家管小Q的家庭作业了吧。

我:好。巫师A安的另一个身份——佛系懒妈即将上线。

Q:其实,我还想说,你的这个魔法课堂应该值得记录吧。有想过写在你的书中吗?

我:当然。毕竟这么多年的教学体验不是一成不变的。你总是能抓住每一个机会提醒我——该写书了。

Q:因为我很期待成为你的读者。

…………

从教近20年,我常常有意识地为了给学生和课堂教学带来积极变化与进步而努力备课,在知识和技能等技术性维度上努力提升,不断学习和发展优质的专业思想、计划和实践所需的知识、技能与情感。我所拥有的学习经验和有意识地组织的各种活动,直接或者间接地让个体、团体或学校得益,进而提高课堂的教育质量(Hargreaves and Fullen,1992;Hargreaves,1995;Day,1999)。我的坚持源于为人师的欣喜和兴趣,而教学经历则源于以往的学习经验、阅读学习以及同伴分享。

2003年,作为新手教师的我对于教学设计的热情还处于自我摸索之中,很少阅读与教学相关的学术著作或者期刊文章。我坚信兴趣是最好的老师,所以大多数时候,我都是针对课本,基于自己的学习经验和活动组织经验进行各种课堂活动的设计。然而在传统的教学模式下,学生大多通过机械的模仿和操练,进行语言形式的强化,很少做有针对性的交流,没有使用语言的明确意识。学生对语言知识有一定的积累,但他们很少会在某种特定语境下,恰当地表达自己的见解。尽管我努力增强课堂活动的趣味性,以期将学生紧紧吸引在语言学习之中,但没有整体设计思路和设计框架的我,总感觉有些力不从心。或是课堂活动有趣生动,但学习效果不尽如人意,使课堂出现娱乐化倾向;或是过于聚焦语言知识的传授,使学生成为被动接受者,限制了学生创造力和个性化的表达,使学生失去了持久学习的动力。

一次偶然的机会,教师L邀请我一起完成一本有关任务型写作教学的专著。虽然后来出于各种原因未能成形,但这次机会帮助我接触到任务型教学这一领域。任务型教学成为我整个教学生涯中教学设计的关注焦点。此后我所有的教学尝试都紧紧围绕这一领域:什么样的设计能够让学生在教师的引导下主动参与课堂,进行独立思考和自主探究,并能自如表达个体情感,发挥创造力呢?

读有所得——温故知新

一、任务型教学的理论基础

20世纪70年代兴起的人本主义教学思想（Humanistic Orientation）强调培养学生的交际能力，帮助学生在使用语言的过程中习得语言；强调学生学会"活"的语言，帮助学生通过一些模拟实际生活的活动（activities）和真实的任务（tasks）参与到语言学习的过程中去。学习心理学理论认为，学生的学习层次分为主动接受、自主发现和意义创造三个层面。其中，后两层具有动态生成的特征，更有助于实现自我超越。Leo Bygotsky的社会建构主义理论（Social Constructivism）提出了学习的自我、自主和互动思想，认为"学习和发展是社会和合作活动，知识是由学习者个人建构的，而不是由他人传递的"。这种建构发生在与他人交往的环境中，是社会互动的结果。（龚亚夫，罗少茜，2003）这些理论的深入研究奠定了任务型教学（task-based language teaching，TBLT）的理论基础。

任务型教学是交际教学理论的延展和深化，强调教学以各种各样的学习任务为基础，学生通过感知、体验、实践、参与和合作进行语言使用以及思考的过程，在实现任务目标的过程中完善内在的语言学习机制。TBLT模式教学设计关注学习过程，强调交际目的和学习者作为完整个体的人的特征。学生对于语言形式的学习不再是简单的语言规则的内化，而是将它们置于一定交际框架中使用，根据需要选择语言形式和内容。语言形式不再是教学的唯一核心，而是通过各种有效的活动将语言运用技能融合进去。在"做中学"的教学体验中，学生完成现实语言运用任务的能力和实际的语言能力会得到提升。

二、定义和内涵

1. 定义

任务型语言教学是诸多交际语言教学法（communicative approach）中的一种。David Dunan从语言学习中的交际角度出发,认为:

> communicative task is a piece of classroom work which involves learners in comprehending, manipulating, producing or interacting in the target language while their attention is principally focused on meaning rather than form.（1989:10）

Jane Willis在《任务型学习框架》（*A Framework for Task-Based Learning*）一书中把任务定义为"a goal-oriented communicative activity with a specific outcome,where the emphasis is on exchanging meanings not producing specific language forms"（1996:37）。其共同之处在于:首先,任务是一种语言的交际使用。语言使用者注重的是语言的实际意义而不是语言的形式。其次,任务是一种有着明确目的的活动,必须有一个结果（outcome）来表示它的完成。

Dunan进一步阐述,任务分为真实世界任务（real-world task）和教学型任务（pedagogic task）（1989:40）。真实世界的任务是为未来课堂外真实活动所进行的预演（rehearsal）,要求学生获得完成目标任务的策略和能力;教学型任务是心理语言学上所讲的对认知过程的促进,如语言点的呈现、巩固,词汇的功能和用法,语法规则以及各种用来检查学生是否理解和掌握这些语言知识的教学活动。任务型教学的任务设计者应该精心组织课堂教学型任务和真实世界任务,要求学生在学习、理解和体会语言的过程中利用目标语进行交流,表达个人见解和意义,并形成一定的结果。

2. 目标

任务设计的目标设定需要考虑学生具备的语言能力以及达到设定目标的途径。另外,还要考虑教育任务的目标和真实世界的任务目标,即尽可能多地使学生利用目标语进行交流、思考,学会用适当的语言形式来表达思想,反映个性和创造性思维,最终完成交际任务。所以,设计时,需要把语言知识的目标、语言能力的目标和交际任务活动的目标都恰当地结合起来。Ur认为:

> Task based activity aimed at focusing on chunks of language-in-context may be integrated with the presentation or practice of specific items that relevant to the target theme, and will help learners engage more intensively with the language associated with it. Conversely the learning of pronunciation, vocabulary and grammar is probably most effective when these are also integrated into activities that use the target items meaningfully for some communicative purpose. (转引自龚亚夫,2002:43)

语言学习和运用是一项综合智能(思维能力和心理活动能力)和技能(语言知识和技巧运用)的脑力活动,学生不仅要具有一定的语言知识和语言技能,还要有生活经验和思维能力。因此,任务型教学设计需要帮助学生认识和内化学到的语言,并在此基础上进行分析、综合、判断、重建和再创造(刘上扶,1998:9)。

在任务型教学设计中,总的目标是通过设计适当的任务激活学生,使他们积极参与到交际活动中,尽量提出语言和智力的挑战来促进语言的学习,完成任务。任务设计要突出学生自主学习和合作学习的能力。任务型教学要求学生以个体的人参与活动,在小组活动中表现出个体特征,进行互动和交流。

3. 设计要素

Jane Willis 在《任务型学习框架》中提出语言学习的四个基本条件:大量真实的语言输入(exposure to the target language)、使用语言的机会(opportunities to use target language)、使用语言的动机(motivation)和对语言形式的专注(focused instruction to language form)。语言输出和语言输入同样重要。应当创造一种积极的、支持性的(supportive)和低压(low stress atmosphere)的环境来进行语言学习。这样,学生在交流过程中的思维状态更接近于真实情境,更有利于学生创造性思维的形成和自然语言的输出。同时,这种正向反馈可以尽可能地减少学生在课堂环境下的焦虑心理,减少对语言错误产生的担心。

任务型英语教学的教学情境有四个要素:学生、教师、任务和环境(龚亚夫,罗少茜,2003)。

从图2-1可以清楚地理解四者的关系:学生为中心,教师为引导,任务为活动,环境为支持(邬易平,雷亚敏,2010)。具体而言,学生是意义构建的认知主体,教学的核心(student-centered);教师是意义构建的帮助者,引导学习过程并提供一个可探究的环境;任务是学习内容的展现方式和完成目标,交际活动的真实再现;环境是学习任务所依赖的真实情境和技术支持。

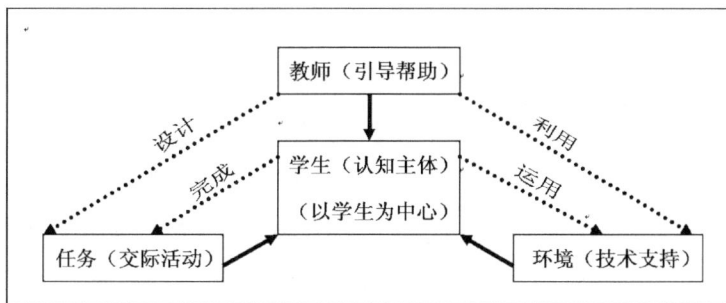

图2-1 任务型英语教学四要素

4. 任务框架

大学英语任务型教学主要由前期任务(pre-task priming activities/mini-tasks)、任务(task)、语言形式焦点(form focus)、任务重复或评价(task repetition and/or evaluation)四个部分组成,其中任务还包括构想(planning a report)、汇报(reporting back)两个环节(见表2-1)。

表2-1　TBLT Framework(Dave Willis,Jane Willis,2007)

大学英语任务型教学组成
Pre-task priming activities/mini-tasks
Task (1) Planning a report (2) Reporting back
Form Focus (1) Identify useful words,phrases and patterns from the texts/recordings (2) Systematize them:classify into semantic,functional,notional or structural categories (3) Devise analysis and practice activities
Task repetition and/or evaluation

三、任务设计原则

任务型教学设计最突出的特点是对意义的强调,语言运用重在意义的传递和表达;其次是语言运用绝对不是孤立的个人行为,而是需要通过交际活动,将个人生活经历、认识作为重要资源引入任务内容,使课堂内学习和课堂外活动结合起来。大学英语任务型教学的任务设计首先需要遵循真实性原则、主体性原则和适量性原则(邬易平,雷亚敏,2010)。

1. 真实性原则

任务设计要真实,面向生活,具有可实践性和可操作性,充满真实的个人意义。任务设计不要求学生使用统一的语言形式,而是根据个体特征和经验,采用自己的语言获得和策略,不断选取所需的语言来组织思想和意义表达,在互动中接触目标语,接受真实语言信息,进行语言的积累和掌握,最大限度地发挥自己的能力,追求成功的结果。任务的设计要包含一个明确的目标。这个目标要与生活接近,要具有一定的挑战性,使学生在完成任务的过程中充分利用和发挥小组交流与合作的机会,尽可能多地使用目标语。任务设计要注重学习体验。坚持语言知识和交际活动相结合,要求语言形式、语言技能和思想内容的统一。语言的使用不是单一的语言符号的使用,而是知识与技能、过程和方法、情感态度和价值观三者的统一。任务设计要使学生能真正在真实活动中体验学习,在富有挑战性的任务完成中培养兴趣,体验成功。

2. 主体性原则

任务设计要以学生为中心,符合学生生理和心理特征,符合学生的年龄特点和思维特征。强调学生在学习中的主体地位,使学生有空间和机会发展个性,表达个性。学生要根据自己的经验和知识体系来判断和选择所需的语言知识,表达自己的独特思想。美国心理学家斯腾伯格曾提出多元智力论,认为人的智力是由分析能力、创造能力和应用能力三个相对独立的能力所组成的。绝大多数人在这三个方面表现不均衡。个体智力的差异主要表现在这三个方面的不同组合上。在我们的教学设计中,我们应根据不同学生不同的智能特点,为学生创造多种多样能展现各种智能的教学情境。给学生多样化的选择,使其在任务过程中扬长避短,从而激发每个人的潜在智能,充分发展每个人的个性。

活动设计要以学生的生活经验和兴趣为出发点,活动的内容和方式要尽量真实;活动要有利于学生学习英语知识,发展语言技能,从而达到在活动任务的完成过程中提高语言运用能力的目的;活动应积极促进英语学科和其他学科内容的相互联系和相互渗透,从而使学生的思维和想象力、审美情趣和艺术感受、协作和创新精神等综合素质得到发展;活动还要能够促进学生获取、处理和使用信息,用英语与他人交流,发展用英语解决实际问题的能力;"任务型"活动也不应该仅限于课堂教学,而应尽可能地延伸到课堂之外的学习和生活中去。

3. 适量性原则

任务设计中,在突出学生主体性的同时,还要尊重学生个体的差异。活动设计需要兼顾不同认知水平和语言能力的学生。在具体的教学中,教师需要进行情感和策略的调整,以形成整体学生积极的学习态度,共同实现任务目标,感受成功。任务设计要考虑合适的难度。设计中要考虑到学生,即学习者在任务难度中的主导作用。所以,学生已有的知识体系、语言掌握的程度、对新语言点和信息的敏感度,甚至他们的心理情绪特征如自信、学习动机等都和任务活动的难度有关。活动设计需要预先判断活动执行者——学生已有的学科知识和语言知识构建程度,并且尽可能在设计中发挥已有知识框架的作用来有效激发学生的自信心和学习动力。任务的设计要从材料和教学出发,符合学生的整体水平,能满足学生的认知需求,并不是目标越高,难度越大越好。过难会使学生无从下手,不知所措,进而挫伤其学习积极性,也不能是同一水平的机械式重复或是其他不具备挑战性的任务。相反,在可承受范围内的挑战性任务会促进学生的认知兴趣,全方位地提高其智能。

任务型教学关注"做中学"、"通过交际来学"或"在运用中学习英语(using English to learn it)"(魏永红,2004)。Prabhu N. S.(1982)首先进行了任务型第二语言教学实践,Candlin(1987)、Nunan (1989)、Long and Crookes(1993)、Willis(1996)、Skehan(1998)、隋明才(2001)、龚亚夫和罗少茜(2002)、魏永红(2004)以及其他语言教学研究者都从听、说、读、写等不同方面对任务型语言教学进行了研究。

我对于教学理论的学习常常建立在教学实践的过程中,而阅读与任务型教学相关的文献增强了它对我的吸引力。正因为这种教学设计的可操作性和持续发展性,让我在教学过程中能从不同视角对它进行实践。

教有所得——任务为本

一、任务设计,兴趣先行

> 子曰:"知之者不如好之者,好之者不如乐之者。"
>
> ——《雍也》

兴趣是最好的老师,也是较强的学习动机之一。体会到语言学习的乐趣,能在一定程度上帮助大学生主动学习。

我国大学生在进入大学一年级开始学习之前,已有将近10年的英语学习体验,所以很多人进入了瓶颈期或者疲怠期。看到大学英语课本中长篇的阅读理解文章和课后一长串的单词表,很多学生极易产生畏难情绪。再次激发、维持或者提升他们的学习兴趣至关重要。如何结合任务的设计、实施和评价过程,结合学生兴趣,激发学生积极性,这是我在接触任务设计之初最为关注的内容。

大学英语的教材大多是以主题为单元进行编纂的。这些主题往往涉及大学生的生活经历或者学习经历,是大多数学生感兴趣的话题。因此,结合课文主题进行任务设计,关注任务设计的趣味性是我最开始做的教学尝试。

《新编大学英语综合教程(4)》第一单元 Leisure Activity 的 after-class reading 部分——Fatal Attraction 是对推理小说历史的介绍,还介绍了 Agatha Christie 作品作为传统的推理小说的特色以及当代推理小说的特点。这是我喜欢和擅长的主题。我喜欢推理小说,是 Agatha Christie 的忠实读者。她的作品语言朴实,描写细致生动,故事的逻辑性和叙事性很强,特别适合大学一年级的学生阅读。尤其她对人物的描写是学生学习的优秀范本。学生中也有推理小说爱好者。在该单元导入环节的设计中,我考虑加入推理游戏环节,邀请喜欢推理小说的学生参与活动设计,吸引所有学生参与到推理活动之中。

在前期任务的导入环节,我采用了当时较为流行的"Who is the spy?(谁是卧底?)"的游戏。每个小组5个同学,其中4个拿到相同的一个英文单词,剩下1人拿到的是与之相类似的另一个词语,该学生即卧底。每人每轮只能且必须用一个完整的句子来描述自己拿到的词语,不能直接说出,既不能让卧底发现,又要给同胞暗示。每轮描述结束之后,就"谁是卧底"发起投票,得票最多者出局。卧底如果能坚持到最后未被淘汰,则胜出。

2006年9月12日,我在ZNQ学院的混合0X01班开展了活动。游戏设计之初,我邀请课代表参与内容设计,她给出的单词是"Nike"与"Adidas"。

学生A:It's a brand of shoes.

学生B:It's famous and popular.

学生C:Most of us like it.

学生D:It sought many celebrity endorsements.

学生E:Many sports stars like it.

大家对这个游戏并不陌生,尽量寻找两个品牌的共同点,混淆视听。第一轮结束,5位同学并没有实质性的理由进行判断,于是学生E被淘汰,游戏继续进行。

学生A:Many college students wear this brand of shoes.

学生B:There are many different styles to be chosen.

学生C:It is expensive, to some extend.

学生D:There are many franchised stores in China,maybe,over the world.

这一轮发言的描述比上一轮更为具体,学生的语言水平和词汇积累开始有所体现。虽然学生D所提到的franchised stores(特许经营店)有很多同学并不知道,但通过store这个词他们可以猜测到指的是某种商铺和店面。本轮被淘汰的同学是D,学生A给出的理由是"The words and expressions she used are too advanced.",大家听到这个理由时,哄堂大笑。观看游戏的同学说,原来太优秀也会被淘汰啊。其实从语言使用的丰富度而言,我很希望学生D留下,但这是游戏,必须尊重游戏规则。接下去进行第三轮。这一轮是决定胜负的一轮。

> 学生A:The slogan of this brand pushes you to try everything hard.
> 学生B:The slogan of this brand pushes you to try everything.
> 学生C:You are tricky. The slogan of this brand pushes you to try everything immediately.

全班同学都笑了。他们运用相似的句子表达,通过加减不同的修饰语,强调广告语的不同主旨。学生A强调的是努力做任何事,强调"做",因而抽取的应该是"Nike";学生B强调的是"尝试",应该是"Adidas"的广告语"Impossible is nothing";学生C的最后一个修饰语是immediately,大家推测学生C所描述的是"Nike"的广告语"Just do it",抽取的应该是"Nike"。最终,学生B被淘汰。

游戏结束时,我问大家赢得这个游戏的关键是什么。大家的答案很统一,就是寻找共同点和不同点。根据大家给出的观点,我们一起总结了comparison和contrast的区别以及一些常用表达方式,如图2-2所示。

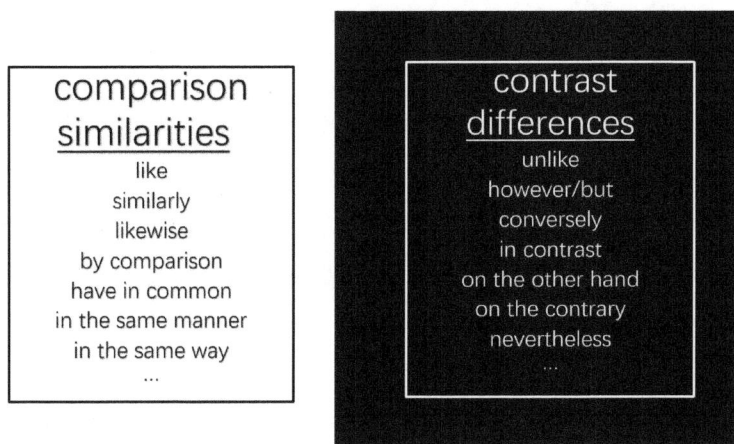

图2-2　课件展示：comparison 与 contrast 的常用表达式

游戏也是一种幽默的教学方式。学生参与互动,通过肢体语言、表情、描述性的语言等活跃课堂氛围,从而激发对探究未知事件或者神秘事件的兴趣,同时有效锻炼学生对物品的准确描述能力及辨别能力。

学生 A 在课后的反思中写道：

今天这次课我很开心。"谁是卧底?"这个游戏我以前就玩过,也很喜欢。不过这次要用英语来玩,我还是比较忐忑的。对我而言,可能语言运用的挑战超过了逻辑判断的难度吧。刚开始我用了比较简单的句子去描述,后来发现其他几个同学都用了一些长句和比较难的词,我也努力把句子越说越长。在游戏中我发现我的发言还是比较有影响力的,特别是在淘汰环节。不过,让我记忆犹新的还是最后一轮,B 和 C 在我的句子基础之上进行微调。我一下子就抓住了判断的关键要点,赢得了游戏。

导入游戏结束后,为了帮助学生了解课文中提及的侦探小说中whodunit、howdunit、whydunit 三种不同的写作侧重点,我邀请一个小组的同学在课外准备一个侦探小故事,在课堂上表演,并要求其他学生通过观看这个表演,找出凶手、作案方式或者作案动机,在故事的展示过程中要做到破案线索的共享。通过模仿某个社会现象或小说故事情节,通过学生的现场表演或者视频片段,从看和听两个方面引起学生的高度关注。

A小组派出了两名代表。学生F脸上贴着纸质的假胡须,手执手杖,小碎步走上讲台;学生G戴了一个假的鹰钩鼻,嘴里叼着烟斗,自信地走上讲台。他们借助自备的简陋实物,进行现场演示,幽默气氛油然而生。大家很快猜出了学生G扮演的是福尔摩斯,有部分同学不是特别了解学生F所扮演的波洛。这一点与课文内容相关,我要求学生到文章中去寻找波洛的特点,锻炼学生寻找信息的能力。同时A小组的学生H把Agatha Christie小说中对波洛的描述展示出来,帮助大家加深对这位侦探的样貌的了解,如图2-3所示。课后,我布置了一项家庭作业,要求学生根据课文内容和补充阅读的内容,在作业本上画出波洛的形象,利用视觉化思维加强学生对人物的准确理解。这个任务和语篇结合良好,学生有一定的语言输入,从主题、词汇、结构、意义等方面进一步巩固学生对目标语的学习和运用。

Hercule Polrot:
1) short: 5.4 feet
2) egg-shaped head
3) orderliness; tidiness
4) perfectionist
5) sarcasm
6) English / French

图2-3　课件展示:波洛的形象特征描述

接下来,A小组的两名"名侦探"邀请大家乘坐"神秘特快",一起进入侦探故事。A小组用角色扮演(role play)讲述了一个老奶奶离奇死亡的故事。

他们把故事中的关键信息展现给大家(如图2-4所示),要求大家讨论后说出自己的答案并给出理由。故事里涉及牛奶工、送报员和保姆三个嫌疑犯。关键信息是牛奶瓶只有一个,而报纸有两份,说明牛奶工知道老奶奶不在人世了,第二天没有必要送牛奶。由此判断牛奶工为杀人凶手。有学生虽然选择了牛奶工为凶手,但给出的理由是错误的。我回答他说:你可不能因为毒奶粉事件,就判断与牛奶相关的都是坏的啊。

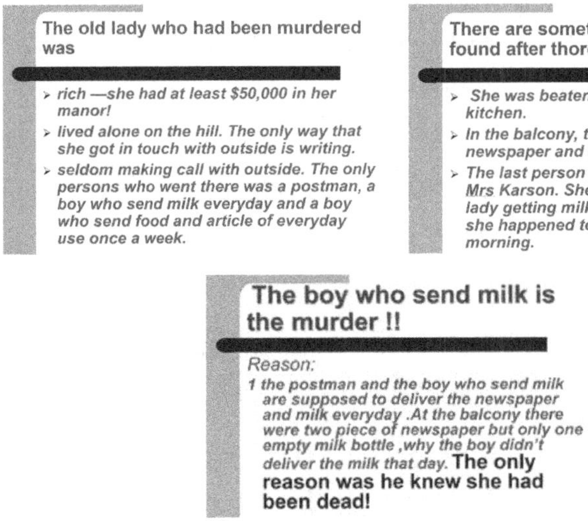

The old lady who had been murdered was

> rich —she had at least $50,000 in her manor!
> lived alone on the hill. The only way that she got in touch with outside is writing.
> seldom making call with outside. The only persons who went there was a postman, a boy who send milk everyday and a boy who send food and article of everyday use once a week.

There are something important been found after thoroughly investigation:

> She was beaten to death by a stick in her kitchen.
> In the balcony, there were two pieces of newspaper and an empty milk bottle.
> The last person who had saw the lady was Mrs Karson. She said she saw the old lady getting milk from the balcony when she happened to drive by yesterday morning.

The boy who send milk is the murder !!

Reason:
1 the postman and the boy who send milk are supposed to deliver the newspaper and milk everyday .At the balcony there were two piece of newspaper but only one empty milk bottle ,why the boy didn't deliver the milk that day. **The only reason was he knew she had been dead!**

图2-4 学生作品展示:推理小故事

A小组的同学在课后的总结中写道:

我们接到这个任务时感觉很新奇。我们对小组合作表演的形式并不陌生,但通常都是表演结束就好了。这次的任务是表演一个推理故事,需要和同学们互动。这对于我们来说很有挑战性,不仅要把故事表演清楚,还需要听懂大家的解读,同时判断他们给出的理由是否合适。在准备表演的过程中,我们认真组织语言,注重逻辑表达,真正锻炼了实际运用语言的能力。

在这次任务型教学实践后,我开始关注在任务设计和任务实施过程中提高学生兴趣和参与度的方法。"教学幽默"这一术语进入我的阅读视野。陆谷孙教授(2003)曾说:"教师有一点幽默感对教学显然是有益的。在课堂上幽默的语言可以感染学生,使课堂气氛张中有弛,提高学生学习英语的兴趣。"教学幽默意指巧妙地运用诙谐有趣的语言和体态,活跃教学过程和氛围,愉快高效地完成教学任务(李涛,2000;王凯旋,2001;张宝臣,2001)。它可以分为言语幽默与非言语幽默;复杂幽默与简单幽默;情节幽默、动作幽默、语言幽默、表情幽默和板书幽默;图片幽默、语言幽默、视觉幽默与听觉幽默(褚丹荣,2001;张宝臣,2001;Shade,1996)。教学幽默的适当运用在课堂教学中的作用是正面而积极的,它能够调节课堂教学气氛,加深学生对知识的理解,激发学生的学习兴趣,消除教学过程中的疲乏状态,并使师生关系更加和谐。教学幽默的适当、适量、适时运用可以促进并完善任务型教学中的任务设计和任务实施,有利于任务设计和任务实施的良好互动(邬易平,2014)。

Q:看完你有关教学幽默的阐述,我觉得你的课堂一定特别有趣。

我:嗯,我会有意识地去实践这一点。刚开始的时候,我纯粹是因为自己的性格,希望营造幽默快乐的课堂氛围。英语学习注重交流和沟通,所以更多时候我会有意识地运用言语幽默,跟学生进行沟通。后来我的注意力转移到任务设计和实施上。我希望通过课堂任务的实施,让学生也能参与其中,也能挖掘他们幽默的一面。

Q:你为什么会关注教学幽默呢?

我:这些年关于教育到底是快乐的还是痛苦的争论一直有。其实我认为学习本身是痛并快乐着的。学习需要付出很多的努力,但这并不意味着你会不快乐。学习的快乐很多时候来自学习的获得感和幸福感。学习的快乐不是要放弃学习过程中的辛苦,而学习的辛苦也并不意味着学习的过程不快乐。作为教师,我所考虑的是如何尽自己所能,让课堂学习变得快乐起来。

Q:不过,我有个疑问。你提到出于性格原因,你会去琢磨教学幽默,那是不是说并不是所有老师都适合运用教学幽默呢?

我:我承认教学幽默具有强烈的个人色彩。首先,并不是所有的教学风格都必须是幽默轻松的。当然,也不是所有学生都喜欢这样的课堂氛围。其次,老师的性格不一样,有些老师是和蔼可亲的,有些老师是知性睿智的,有些老师是严肃认真的。所以我所实践的是适合我自己的教学方法。还有,我觉得教学幽默是值得推广的。教师也可以走出舒适区,尝试与自己性格不那么一致的教学方法。我在阅读了相关文献之后,了解到教学幽默并不限于言语幽默,所以教师也可以尝试在任务设计、课件设计等方面去寻求契合点。

Q:适合自己的是最好的,但同时也可以尝试走出舒适区,尝试其他风格。

二、任务链式,多重需求

Willis的"任务链"(chain of tasks)概念,即将活动设计和任务按照从简到难的链条排列,使任务呈阶梯式逐步延伸,这有利于学生展示各自的语言能力。任务设计的思路不应该局限于一节课,根据主题适当地使用任务链进行教学设计,可以满足不同学生的认知和语言需求,有效地解决任务难度差异和学生语言能力差异的问题。

2018年10月,KJ1701班的学生进入第三学期的学习。针对《全新版大学英语综合教程(4)》第三单元Job Hunting这个主题,我设计了一系列任务链:职业规划—英文简历—模拟求职。这个任务链的实施已经进行了三次。每次教学实践时,我都会适当进行调整,增加新的语料,精减一些繁杂的活动程序。就设计和实施方面而言,这应该算是比较成熟的方案。

任务一:职业规划

我邀请小组 B 的成员对班级一个同学进行 SWOT ANALYSIS(如图 2-5 所示),并根据分析结果给出职业规划建议[1]。课堂活动结束后,我让每个同学认真进行自我分析,写出自己的 SWOT ANALYSIS。职业规划活动要求同学站在目标人物的角度,借助英语这一语言载体,结合其性格、经历、兴趣、特长等因素进行 SWOT ANALYSIS,做出职业规划。在这个接近真实社会场景的教学情境中,学生了解了在特定社会语境中,设定角色的语用立场,并运用合适的言语表达。他们主动参与,通过学习、协商理解求职行动及掌握相应的语言表达。

Strengths

- What **skills or experience** do you already possess?

- Give **examples** of how you have **used your skills**, perhaps through activities you have been involved with, through a part-time job, etc.

- What do you **do well** already?

- What do **other people** see as being your strengths?

- Consider these from your **own point of view** and from the point of view of the **people who know you**.

- Don't be modest - **be realistic**.

Weaknesses

- What **areas of your development** could you improve on?

- Do you **lack experience** that you may need for your long term career?

- What do you **sometimes do poorly**?

- Is there anything you should **avoid**?

- Do your **friends or family** think you have weaknesses that you do not agree with?

- If so, **why do they think that**?

Opportunities

- What activities and opportunities are available to you in your **learning and development**?

- Consider the **events** and other **student and graduate** areas of the NTU Careers website.

- Consider the **networking opportunities** that will be available to you, for example at NTU Careers and course events. How will you make best use of these?

- One way to look at opportunities is to consider your **strengths** and ask yourself whether these open up any opportunities. Alternatively, look at your **weaknesses** and ask whether you could find opportunities to eliminate them.

Threats

- What **obstacles** do you face to getting involved in other activities?

- Are there any **financial issues, geographical barriers or time constraints** imposed by other commitments?

- Could any of your **weaknesses seriously threaten** your opportunities whilst at University or when looking for employment? If so what are they?

- Do you have **past experience of trying and failing** to achieve your goals? How could this affect you? **What can you learn** from this experience?

图 2-5 个人 SWOT ANALYSIS 的框架图

(选自 Goldsmith College)

---

[1] 该任务的详细介绍参阅《主体间性外语教学行动研究》第四章。

任务二:英文简历

这个任务设计是连接任务一和任务三的过渡环节。通过任务一,大家对自己有一定的反思性分析,并有一定的职业设想。在进入任务三之前,大家需要学会制作英文简历(如图2-6所示)。这个任务注重语料输入,要求学生自主进行语法学习和模拟写作。

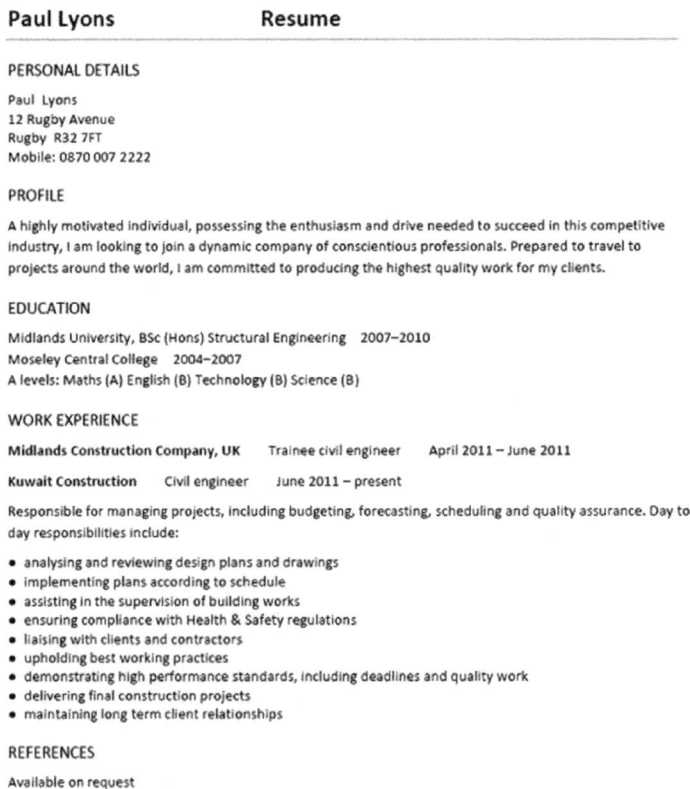

Paul Lyons   **Resume**

PERSONAL DETAILS

Paul Lyons
12 Rugby Avenue
Rugby R32 7FT
Mobile: 0870 007 2222

PROFILE

A highly motivated individual, possessing the enthusiasm and drive needed to succeed in this competitive industry, I am looking to join a dynamic company of conscientious professionals. Prepared to travel to projects around the world, I am committed to producing the highest quality work for my clients.

EDUCATION

Midlands University, BSc (Hons) Structural Engineering 2007–2010
Moseley Central College 2004–2007
A levels: Maths (A) English (B) Technology (B) Science (B)

WORK EXPERIENCE

Midlands Construction Company, UK   Trainee civil engineer   April 2011 – June 2011

Kuwait Construction   Civil engineer   June 2011 – present

Responsible for managing projects, including budgeting, forecasting, scheduling and quality assurance. Day to day responsibilities include:

- analysing and reviewing design plans and drawings
- implementing plans according to schedule
- assisting in the supervision of building works
- ensuring compliance with Health & Safety regulations
- liaising with clients and contractors
- upholding best working practices
- demonstrating high performance standards, including deadlines and quality work
- delivering final construction projects
- maintaining long term client relationships

REFERENCES

Available on request

图2-6 课件展示:英文简历范本

学生需要在任务三中使用这份简历,因此在个人背景、教育背景以及工作经历等板块允许他们做适当的设想。在职业愿景这个部分要求他们结合任务一完成,工作经历部分的细化要求他们结合自身专业要求展开。

语言运用方面,学生会找出范文中的语法难点,即非谓语动词的使用,以及在简历中涉及的性格优势、职业预期的表达方式,结合专业特色进行写作。这里对语言的要求体现在准确性上。

大多数学生在这个任务上的完成度较高(如图2-7所示)。

Assignment **Resume**

Directions: *Create a resume of your own. You may take the following simple module as a reference.*

PERSONAL DETAILS

NAME: XX·de Bricassart (XX·德·布里克萨特)

ADDRESS:
Empire Avenue, 13. QingLong Building, London

MOBILE: 0297788

PROFILE

Have high enthusiasim and positive attitude for work
Proficient in the communication and negotiation.
Able to meet the proper need of customers in more ways.
be kneen on the position which people complete with others such as salesman for insurance.
— communicate

EDUCATION

London School of Economics and Science (LSE) Anthropology 2008~2011 [Bachelor]
University of California, Los Angeles; Anderson School of Management [Master]
Ps: I used to go to China as an exchange student. and I studied at
Zhejiang Gongshang University for one years in 2013.

WORK EXPERIENCE

Alibaba CFO's assistance
Tencent financial department vice manager
Google financial department manager

Amazonas vise CFO.

Microsoft CFO

I resigned all of the job mentioned because I thinks this company exerts a tremendous fascination

Responsible for the interaction of corporate finance and financial market, project appraisal, risk management, product research and development, strategic planning, identification and establishment of the enterprise's core competitiveness, as well as insight into the impact of information technology and ecommerce on the enterprise.
1. Arrange the work of financial staffs.
2. Establish financial regulations
3. Communicate with tax department and government.
4. Teach the financial stuffs
5. Calculate and control costs.

REFERENCES

Available on request

图2-7 学生作品展示:个人英文简历

任务三：模拟求职

我将模拟求职环节分为以下四个步骤（如图2-8所示）。

首先，我分享了英文面试中常见问题问答的微课视频，要求学生做视听练习和快速笔记的练习。

其次，我邀请了两个小组的同学在课前根据自己专业和兴趣设计了两个公司的介绍以及招聘广告，在课堂上进行宣讲。

再次，全班同学拿着自己的英文简历，按照自己的意愿选择公司应聘，进行一对一的英文对话练习，并要求"招聘者"用自己的手机当场录音。

最后，两个小组的同学需要当场公布招聘结果并给出充分理由，"应聘者"可以提出自己的质疑或者表示感谢。

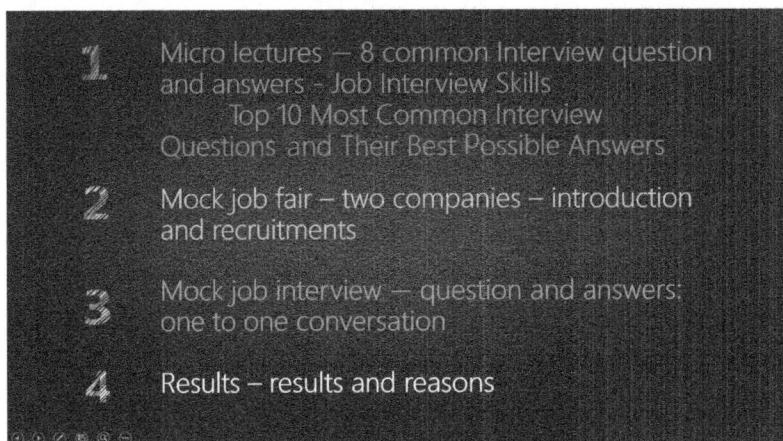

图2-8　课件展示：模拟招聘活动设计

我邀请小组C和小组D进行了公司设计并组织了这场模拟招聘会，任务实施过程较为顺利[①]。课堂活动结束后，我要求每个同学回顾面试过程，结合微课教学视频中给出的建议，总结自己在面试中可能会遇到的问题，并找出较好的回答。

---

① 该任务的详细介绍参阅《主体间性外语教学行动研究》第四章。

这个学期的最后一次课结束后,学生I端着一杯新鲜的西瓜汁请我喝,我们边走边聊。

学生I:Ann,说实话,谢谢你改变了我对大学英语课堂的看法。

我:怎么说? 感觉很有故事。

学生I:我一直认为语言学习得靠自学,老师在课堂上讲的内容不见得是我需要的。

我:在自主学习这点上,我很认同你的看法。不仅语言学习如此,其他课程也一样。那你后来又有怎样的改观呢?

学生I:你记得那次模拟招聘会的课堂活动吗?

我:当然记得,你们班进行得特别顺利。

学生I:那次活动之前,你要求我们做视听练习,记录了面试中可能会遇到的一些问题以及可行的回答。第二天下午,我参加了一个英文面试,面试官所提的问题全部在那个学习视频中。全中!我当时回答得那个爽快啊,心里乐开花。当然面试结果也很棒,以第一名的绝对优势拿下了该个实习机会。

我:恭喜你哦。这有点儿巧合啊。

学生I:运气很好吧? 不过这个巧合促使我重新审视大学英语的课堂教学了。我好像想通了一件事,大学里学习的内容很多时候是作为储备知识和能力的,不一定每次课堂教学的内容都能有这么巧的机遇,有立竿见影的效果。

我:你用了"储备"两个字,我很开心。

学生I:所以,我开始思考什么才是"有用"的标准。

我:有什么心得吗?

学生I:暂时只想到"储备知识""能力培养""提升格局"这几点吧。

我:已经很不错了啊。接下去的高级英语课,你们应该还会有其他收获,比如基于语言运用的思维训练。

学生I:我很期待啊。

任务链的设计需要通过不断的教学实践进行调整,根据不同的教学情境、学生需求、技术支持,以满足学生的个性化需求。在上述任务链的设计上,我从2005年开始尝试。回顾整个过程,我发现自己的关注点从任务步骤的设计转向了语言知识的结合以及语料输入的丰富上。

(1)语言知识

任务型教学设计中,语言知识的练习应当是较为重要的基础环节。从心理语言学理论来说,语法、词汇等语言知识是起支撑作用的,是完成交际任务不可缺少的环节。按照语言习得的研究成果,只有大量的语言输入,并用所学的语言去交流,在各种不同的情境中进行大量的语言活动,才能真正发展自己的语言体系。机械的语言练习会使学生只注意语法,而对语法规则的理解并不等同于学生能够内化(internalize)并正确运用这些规则,这就需要针对语言知识的练习进行有效的任务设计,将语言知识的学习融入交流活动当中。当学生积极参与各种活动,用目标语进行交际来完成任务时,他们的注意力是集中在语言的意义上的。为了完成任务,他们需要选择使用最能有效表达自己思想、见解的语言形式,从而在完成任务的过程中学会语言的使用。

(2)语料输入

由于学生已有的生活和学习经验与学习任务存在一定的社会距离(social distance)和信息差(information gap),语言的输入可以进一步激活学生已有的生活经验和知识体系。所输入的材料应当是真实的,不是经过简化和改写的,只适用于课堂教学的材料。材料的语言要有时代性,实用而有趣味。与现实生活出入过大的输入会使语言的目标性和真实性丧失。关于输入语言的真实性,Dunan 给出了他的定义:"'authentic' here is any material which has not been specifically produced for the purposes of language teaching."(1989:54) Brosnan et al. 更是明确指出:"By simplifying language or altering for teaching purposes (limiting structures, controlling vocabulary，etc.)，we risk making the reading task more difficult. we may, in fact，be removing clues to meaning。"(Dunan，1989:58)。从中我们可以看出，真实的语言材料提供了多样化的语言，使学生有机会对真实的言语意义有所了解，使得课堂任务与真实生活目标更为接近。

另外，语料输入要与学生的知识、经验相接近，根据学生的学习阶段和水平，输入材料可呈一定的阶梯性和挑战性。帮助学生丰富已有的知识结构和体系，使学生在语言使用过程中有所促进和提高。同时，语言材料的引入需要紧跟时代，依照学生的需求而变化。

教材的使用不是一成不变的，不能照本宣科。在使用过程中，教师应注重语言形式，照顾交际内容，将言语实践能力和语言知识有机结合，尊重语言所传达的民族文化，模拟情境，模拟交际，接触积累，综合操练。(张正东，1999:150—162)同时，注意辅助材料的完善。这些资料可以是文字的，也可以是微课或者慕课等。

Q:这个求职活动的设计很贴近生活，教学情境很真实。

我:任务设计的真实性是任务型教学设计的原则之一。

Q:我很好奇你怎么可以把一个任务链设计得如此完整？

我:不是一次成形的。带2005级学生开始，我就在打磨这个任务链了。第一次实践的时候，我给予学生的帮助和语料输入不多。比如说职业规划这个环节。学生基本上是凭借自己的生活经验和自己喜欢的明星的性格去做规划的，归属于感性认识，所用的语言也仅限于一些描述性格的词。后来，我尝试使用性格测试的方法帮助学生进行性格分析，但是很快我就发现问题所在。性格测试题目的科学性有待考究，而比较成熟的科学的性格测试题以及分析有较大难度。我不是心理学专家，如果擅自使用性格测试帮助学生进行性格分析，很有可能会误人子弟。

Q:那你怎么解决这个问题呢？其实性格测试题应该是比较受学生喜欢的。

我:的确,性格测试比较轻松有趣,但正如我所说的存在较大的误导风险。所以后来我加入了 SWOT ANALYSIS 的课外阅读材料,帮助他们进行较为理性的自我分析,不仅仅局限在性格方面,而是从内部和外部两个方面去理性解析自己的优劣势。

Q:这个环节最有意思的应该是听到同学对自己的评价和帮助自己做职业规划吧。

我:的确。我很感动的地方是他们给我的分析。每个班级都给我做了相似的分析和规划。特别有趣的是,从2009级的学生开始,他们给我的各种职业规划里有两个职业是一直都有的。

Q:是什么? 我有点儿好奇。

我:你能猜到吗?

Q:给个提示吧,毕竟我不了解你的学生。

我:嗯,关注年份吧。这个任务链是从教2005级学生时开始实施的。当时他们给出的职业规划和2009级之后的学生所给的不同。

Q:我明白了,全职妈妈吧。毕竟那个时候小 Q 已经出生了。

我:BINGO! 课堂上我常常会分享和小 Q 的一些趣事,毕竟懒妈这个身份融入我的日常,和我的教学体验也是密不可分的。

Q:还有一个职业是教师吧。字里行间我能感受到你学生对你的喜爱和认可。能得到学生的认可和喜爱,也是这份工作给予你最大的回报吧。那这个任务链你还做了哪些其他的改变吗?

我:在第二个环节——英文简历,我给学生增加了语料输入。英文简历的版本很多,我选择了自己比较喜欢的一个版本。最重要的是这个版本的语言非常精练习,多次使用了非谓语动词结构。这对学生而言是学习难点。在这个环节进行模仿写作,学生兴趣很高,而且这个环节的可操作性很强,学生收获显著。

Q:有时间我也模拟写一份,有备无患。

我:完全可以。第三个环节的设计我也增加了语料输入。我与学生分享了英文应聘中最常见的10个问题,帮助他们模拟应聘过程中一对一的对话。

Q:我看到有学生反馈这个语料输入及时有用。

我:他的这个反馈让我兴奋了很久。他是直接找到我,跟我说的。我很开心,这个任务环节的添加能激发学生思考"有用"的标准。回到任务链设计这个话题上来,两个小组的公司介绍和公开招聘是我最喜欢的环节,而且每次我都会参与进去。

Q:看上去你乐在其中啊。

我:我特别喜欢和学生在课堂上进行即兴的对话和讨论,他们总能给我很多惊喜。说到这个环节,我觉得现代技术的发展对于教学的确是有益的。

Q:怎么说?

我:因为这个环节是模拟招聘会现场。应聘者和招聘者之间是一对一对话。在第一次教学实践的时候,为了能让全班同学参与,我是要求两个学生在讲台上公开对话的。但这样不符合现实情况,而且学生也很容易紧张,在语言表达上倾向于使用简单的表达方式,以免出错。下面的同学听的时候也比较容易走神。现在这个环节我是完全模拟真实应聘现场的,所以我要求他们用自己的手机当场录音,我课后再听并给出反馈。

Q:这样学生的一对一对话就自然很多了。但怎么能保证他们不紧张呢,毕竟还是要录音的?

我:对,还是会有些紧张的。即便是真实的应聘现场,也是会紧张的吧。所以我不强求他们做到完全放松。

Q:有道理。没想到一个教学任务你琢磨了十多年啊。

我:所谓十年磨一剑吧。

三、常规任务，课外延展

Dunan(1989)认为，任务型活动的设计很大程度上是对真实生活事件的一种镜像。语言运用的场景已经不能完全区分课堂内外。任务设计要贴近真实生活，同时也应走进真实生活。在教学中进行大量真实的课外阅读来开拓学生视野，达到一定的语言积累，激发学生自主学习的兴趣，帮助他们掌握学习的策略，使得语言学习和使用有目标、有实际含义，这样才能真正使目标语回归语言作为交流手段的本来面目。

2013级学生坚持了三个学期的两项常规任务：常规听力作业和常规阅读作业①。

1. 常规听力作业

常规听力作业的主要形式为段落听写，分为两个学期进行，要求学生自主完成。第一学期学生听写奥巴马演讲内容；第二学期学生听写大学英语四级考试听力真题。

在布置作业之初，我和学生分享了自己练习听写的步骤（如图2-9所示）。

步骤一：听全文，抓大意。关注主题句、关键词和实词。（根据文章难度和自己的听力水平听1—3遍）

步骤二：细精听，长难句。听写三遍左右，先根据段落大意猜词，补充完整，再对照听力原文找难点。（对照原文的同时加强听力训练，并尝试大声跟读，不看原文）

步骤三：听加读，贵坚持。完成整个段落的听写后，不看原文，全文跟读。

听写练习需要用至少两种颜色的笔进行补充修改。

---

① 常规作业中的优秀作业见附录（第213—222页）。

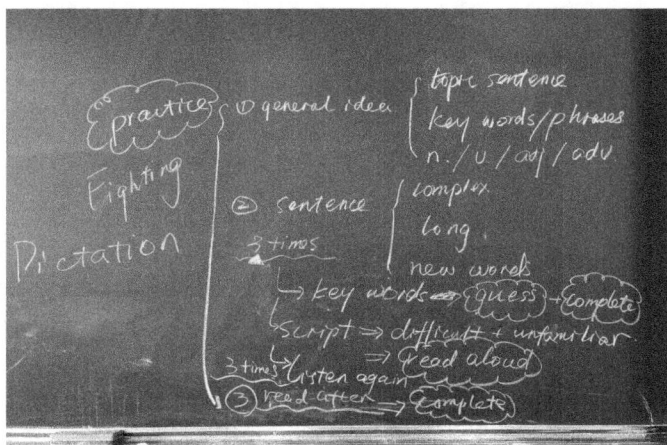

图2-9　课件展示:常规听力作业技巧及步骤

2. 常规阅读作业

常规阅读作业的主要形式分为阅读剪报和读后感。第一学期教师分发给学生英文版的 *China Daily*,每个小组一份,并要求学生自主选择自己喜欢的主题新闻进行阅读,找出喜欢的词句进行总结,主要以摘抄和积累为主。第二学期完成从阅读到写作的链接练习,语言积累以句子为主,积累的同时需要标注语句分析,并完成相同主题的写作练习(如图2-10所示)。

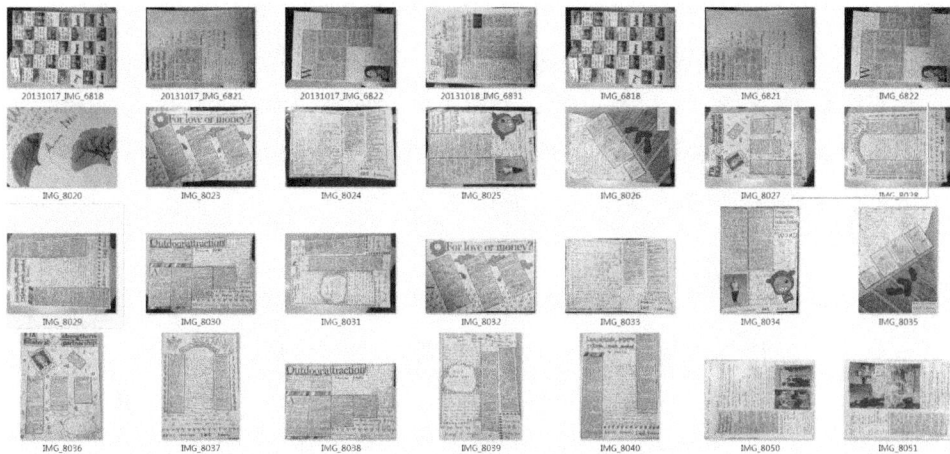

图2-10　学生作品展示:常规阅读作业

在信息获取日趋方便的时代,学生有了多种渠道接触目标语,教师不再是语言学习的唯一模仿对象和示范,不再是教材的补充。在教师的启发下,学生学会积极主动解决学习上的问题。由于学生的独立学习能力大大提高了,教师只需从旁略加指点引导,教师的主要作用在于充分激发学生的主观能动性,尽可能培养学生学习的独立性。(佐斌,2002:17)Willis也指出:

> One job of the course designer and teacher is to select topics and tasks that will motivate learners, engage their attention, present a suitable degree of intellectual and linguistic challenge and promote their language development as efficiently as possible. (1996: 23)

常规任务的设计体现了教师角色的变化。教师有责任为学生选择输入材料,使其获得有效信息;在新旧知识的整合过程中,教师需要利用自己的经验和相对完善的知识体系帮助学生构建新知识;教师有责任对学生的常规学习进行评估和监控。

Q:你们每个老师都会有这样的常规作业的设置吗?

我:我没有做过具体的调查,无法给出一个准确的答案。但我知道很多老师对教学的关注点不一样。有些老师会给学生指定课外阅读材料,定期交读书报告或者在课堂分享读后感;有些老师会给学生布置词汇记忆的课外作业;有些老师会要求学生课外纠正语音语调,进行课文朗读或者背诵等。

Q:那你是怎么想到布置这样两个作业的呢?

我:这几年大学生的英语水平是在逐步提高的。我们学校的大学英语教学比较注重口语表达的训练,有专门的大规模的口语考试。在日常教学的过程中,我发现学生的听力水平有待提高。这是其一。第二个原因是在我们整个课程设计中,有自主听力考试,也就是说听力教学是由学生自主进行的。那么这个环节就需要教师进行课外的检查和监控。所以我就想到让他们做听力的常规作业了。

Q:那阅读呢?我感觉那个阅读小报是小学生时就开始做的作业。这对于大学生而言,不会太小儿科了吗?

我:阅读小报的作业我给出了比较明确的规定。从词句表达的积累到个人感悟的段落写作,其实是从读到写的一个连接。这两个常规作业的重点都在于"坚持"。就语言学习本身而言,日积月累是王道。我在教学任务的设计和布置上尽量做到生动有趣,贴近生活,激发他们的兴趣。这不代表语言学习仅仅只需要兴趣。相反,在有了兴趣之后,还需要付出努力。

Q:就是活到老,学到老吧。

我:这一点我是从身边的资深教授身上学习到的。好几次我在学校本部校园监考,很早就到学校了,路上遇到了我们学院的老院长。他手里拿着类似于收音机的设备在听英语听力材料。我当时就觉得惭愧。即便是当老师,在自己的专业学习上也应该持之以恒。

Q:这也是榜样的力量吧。回到常规作业这个话题,我想了解学生的态度。他们接受吗?每周一次阅读和听力,这个作业量有点儿大啊。

我:这些孩子很可爱。两个学期,他们都坚持下来了。正如附录所展示的,还有很多这样的优秀作业。他们毕业的时候,我把这些装订成册的作业都还给他们留作纪念了。附录中的优秀作业是当时我征得学生同意后,扫描保留的。

Q:他们收到这份毕业礼物很开心吧。

我:大多数同学觉得很意外也很开心,没想到我会保留两年半。不过也有个别同学在毕业聚餐时,偷偷告诉我说,当时还是觉得压力很大,作业量是有些重的。

Q:人之常情啊。那之后你是如何处理的呢?

我:后来的几届学生我保留了常规作业,但减少了次数。毕竟任务的设计需要考量学生的接受程度,过犹不及。量的增加如果带来的是抵触情绪,那么我还是会选择先保证作业的质量。

Q:嗯,常规作业的作用其实是培养学生独立学习的习惯吧。

我:嗯,坚持就是胜利。

四、任务总结,完善步骤

2017年6月,我参加了2003级JS0301班毕业10周年聚会,见到了当年一起奋战XS新校区的战友们。回想当年,XS新校区仅仅是一片建筑工地中孤零零的几栋教学楼,从老校区移植过来的几棵大树无法掩盖这片校区的简陋。临时食堂坐落在教学楼的地下一层,一切都在建设之中。但是环境的简陋并没有阻碍我们学习的快乐。我还记得当年课堂上的自己和他们的青涩模样。

学生J:Ann,大学里印象最深的课就是你的英语课了。我现在还记得我们一起学唱的英文歌曲,还有你和我们分享的英文电影、各种各样有趣的口语活动……还有每个学期最后一次课的全班英文汇演。

我:还有课文朗读、单词背诵和四六级考试吧。

学生J:有的,有的。现在回想起来不觉得痛苦了。不知道当年的考试是怎么熬过去的。你的课真的带给我们很多快乐回忆。

我:我也很开心你们还记得。

学生J:很喜欢你的课,总是会带给我们很多的惊喜。

我:确信是惊喜,不是惊吓吧。

学生J:当然不是。不过当时每次上课前,我还真的有些担心哦。

我:哦?担心什么呢?

学生J:因为不知道你这节课会干什么啊?既期盼生动有趣又

害怕自己表现不好。

　　我:因为课堂安排的不确定性吗?

　　学生J:嗯,有点。这个应该是双刃剑吧。如果什么都按照程序来,我们就少了很多惊喜和快乐。不过没有固定的课堂程序,我好像也有点儿摸不着头脑,感觉不像初高中,可以明确地预测课堂学习内容,做好课前预习。

　　我:谢谢你和我分享这些。

　　和学生J的聊天让我陷入了沉思。这些年我比较专注于任务和任务链的设计,也强调课前预习和课后复习,但学生J的话让我关注到一个重要细节:如何帮助学生自主进行课前预习和课后复习,而不是根据我每次课堂结束后的作业布置。这样,课堂教学环节就会有逻辑可循,这是十分必要的。另外,根据多年的任务设计和实施过程,我内心是有相当明确的教学逻辑的,但是这种教学逻辑并没有很好地传达给学生,因此有些教学步骤应该被显现。

　　明确教学安排的逻辑主线的同时,也应该帮助学生对课堂学习的内容进行总结,这样他们复习的时候就有迹可寻。

　　2017级新生进来后,我尝试了一个教学操作。每次课程结束后,我会给学生课代表一张总结图(如图2-11、2-12所示),让大家坚持一个学期,要求他们养成总结的习惯。他们可以参照我的总结图,对比自己的总结图,逐步养成自我管理的习惯。

　　两个学期的风格并不完全一致。我的一位课代表和我有相同的兴趣爱好——做手账,她推荐给我一款很清新的手账App,我尝试用新的技术去结合原有的课程环节设计。这样设计出来的总结图不仅赏心悦目,自己喜欢,学生也特别喜欢。每周课堂结束后,课代表都会记得提醒我发总结图。

　　这个习惯不仅有助于学生自主进行课后复习和课前预习,还帮助我有效组织自己的教学安排。

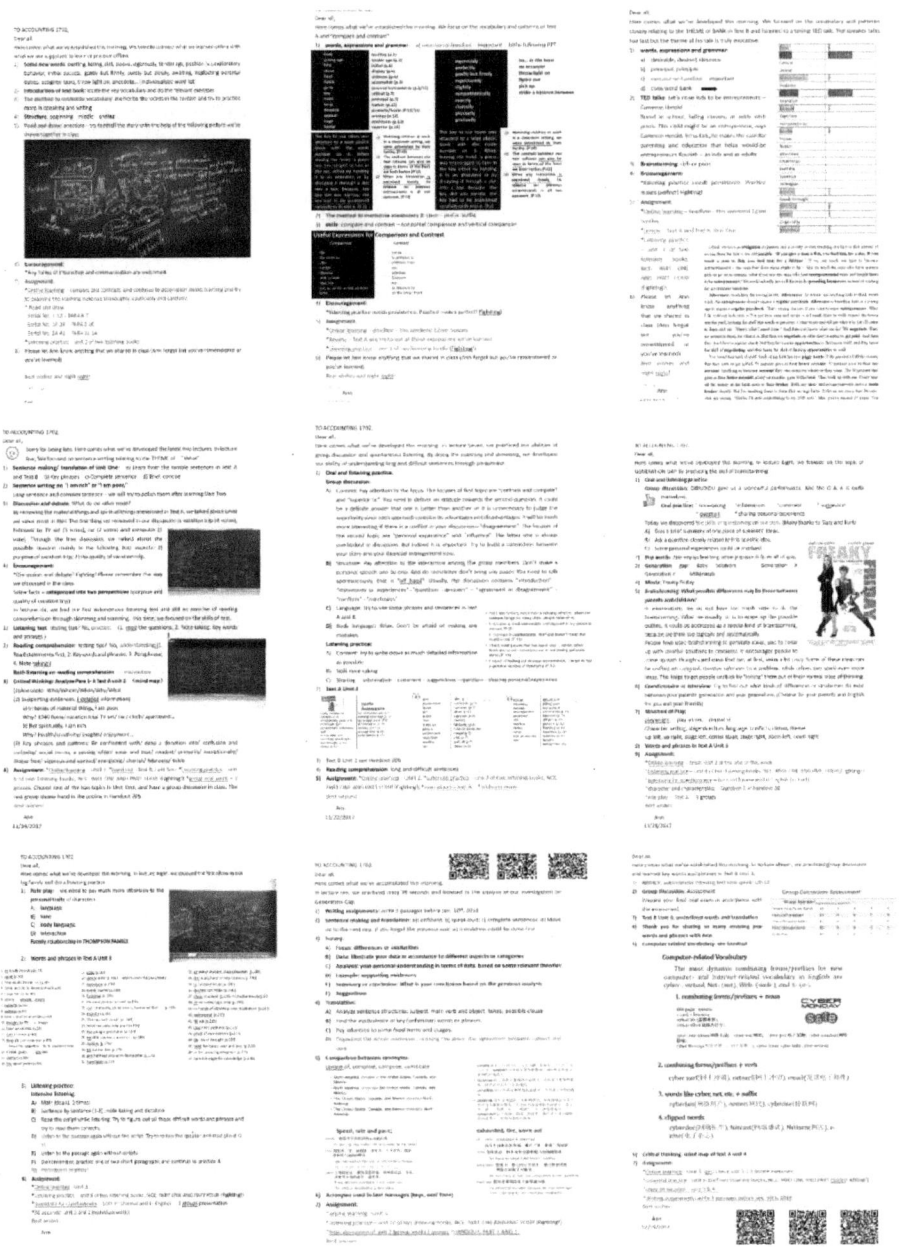

图2-11 课件展示:课堂教学总结(1)

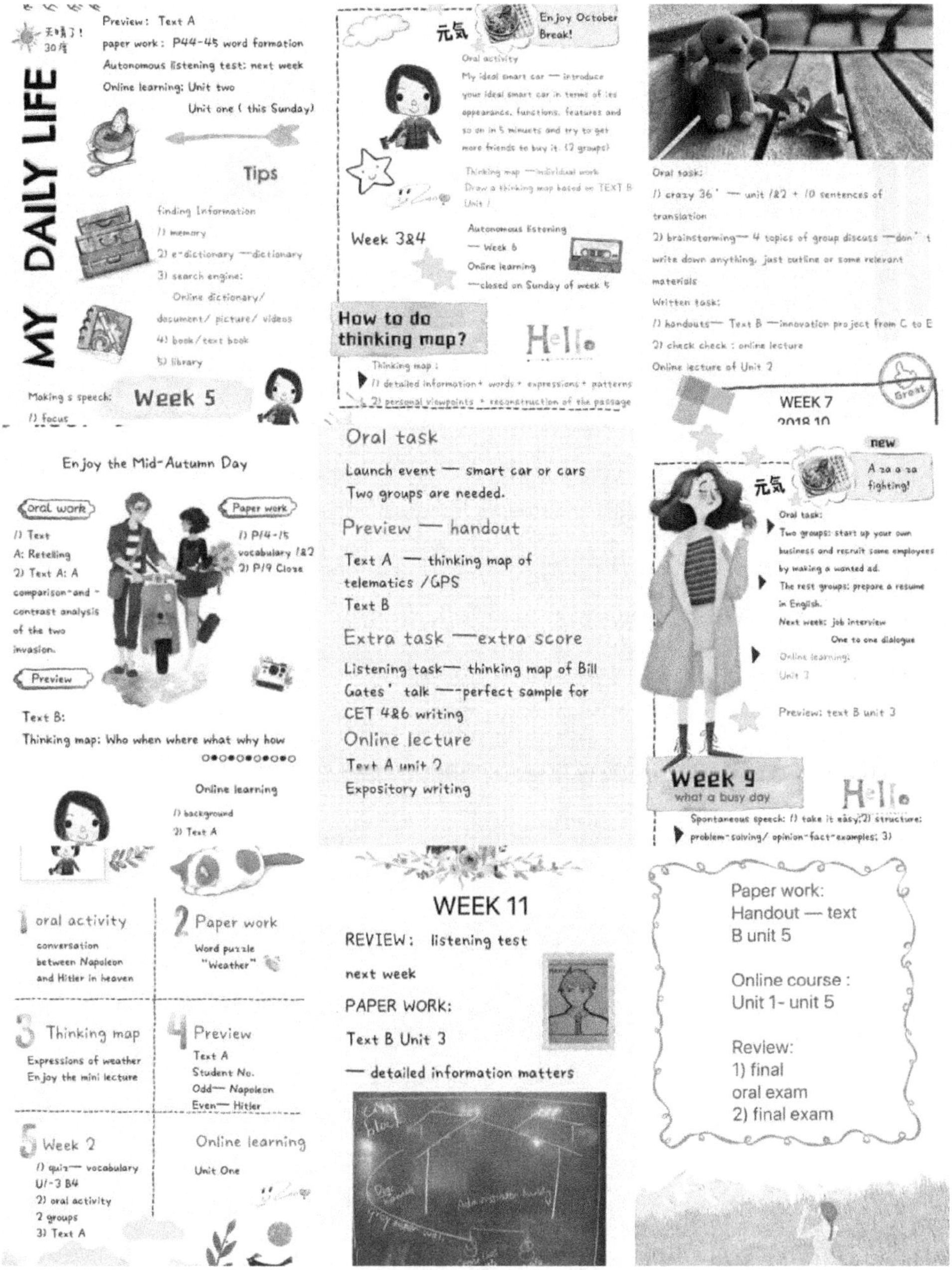

MY DAILY LIFE

天晴了! 30度

Preview: Text A
paper work: P44-45 word formation
Autonomous listening test: next week
Online learning: Unit two
Unit one (this Sunday)

Tips

finding Information
1) memory
2) e-dictionary — dictionary
3) search engine:
   Online dictionary/
   document/ picture/ videos
4) book/text book
5) library

Making s speech:
1) focus

Week 5

Enjoy the Mid-Autumn Day

oral work
1) Text
A: Retelling
2) Text A: A
comparison~and~
contrast analysis
of the two
invasion.

Preview
Text B:
Thinking map: Who when where what why how

Paper work
1) P14-15
vocabulary 1&2
2) P19 Close

Online learning
1) background
2) Text A

1 oral activity
conversation
between Napoleon
and Hitler in heaven

2 Paper work
Word puzzle
"Weather"

3 Thinking map
Expressions of weather
Enjoy the mini lecture

4 Preview
Text A
Student No.
Odd — Napoleon
Even — Hitler

5 Week 2
1) quiz — vocabulary
U1-3 B4
2) oral activity
2 groups
3) Text A

Online learning
Unit One

元気

Enjoy October Break!

Oral activity
My ideal smart car — introduce
your ideal smart car in terms of its
appearance, functions, features and
so on in 5 minutes and try to get
more friends to buy it. (2 groups)

Thinking map — individual work
Draw a thinking map based on TEXT B
Unit 1

Week 3&4

Autonomous listening
— Week 6
Online learning
— closed on Sunday of week 5

How to do thinking map?

Thinking map:
▶ 1) detailed information+ words+ expressions+ patterns
  2) personal viewpoints + reconstruction of the passage

Oral task

Launch event — smart car or cars
Two groups are needed.

Preview — handout

Text A — thinking map of
telematics /GPS
Text B

Extra task — extra score

Listening task— thinking map of Bill
Gates' talk — perfect sample for
CET 4&6 writing

Online lecture

Text A unit 2
Expository writing

WEEK 11

REVIEW: listening test
next week
PAPER WORK:
Text B Unit 3
— detailed information matters

Oral task:
1) crazy 36' — unit 1&2 + 10 sentences of
translation
2) brainstorming — 4 topics of group discuss —don`t
write down anything, just outline or some relevant
materials
Written task:
1) handouts — Text B — innovation project from C to E
2) check check : online lecture
Online lecture of Unit 2

WEEK 7
2018.10

Great

元気

new
A za a za
fighting!

Oral task:
▶ Two groups: start up your own
business and recruit some employees
by writing a wanted ad.
The rest groups: prepare a resume
in English.
Next week: job interview
                    One to one dialogue

Online learning:
Unit 2

Preview: text B unit 3

week 9
what a busy day

Spontaneous speech: 1) take it easy; 2) structure:
▶ problem-solving/ opinion-fact-examples; 3)

Paper work:
Handout — text
B unit 5

Online course :
Unit 1- unit 5

Review:
1) final
oral exam
2) final exam

图2-12 课件展示:课堂教学总结(2)

吾之成长——寻求出路

任务型教学是我教学实践的起点和基石。结合 Dunan 提出的任务型教学设计的六要素,我曾从任务设计、师生角色和教育技术三个方面进行尝试,寻求自己教学研究的出路(如图 2-13 所示)。在这一章,我通过与 Q 先生和学生的对话,对以任务和任务链为主设计的教学案例进行了反思和探究。在任务设计和实施之初,我关注到教学幽默能有效提升学生参与教学活动的兴趣;在任务链的打磨之中,我体会到教学任务的精心设计和实施实实在在带给学生与我的获得感、幸福感;在常规任务的实施中,我感受到学生的理解与坚持所带来的知识的积累和能力的提升;在任务总结中,我体验到完整的教学任务环节对于学生建立良好学习习惯的益处。

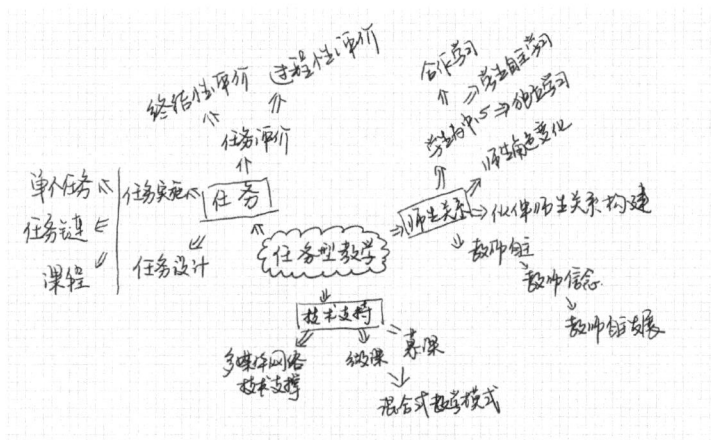

图 2-13　一章小结之思维导图:任务型教学的三轴图

但是,回顾我自己走过的教学研究之路,我发现自己总是东一榔头西一棒子。教学实践中值得研究的主题很多,也很广泛。纯粹从感性的教学经验出发去探索,很容易迷失方向,也很容易放弃。

　　记得有人曾告诉我她眼中学术研究的意义:知识就像是一个无限大的圆圈,我们在其中遨游,经历了不知道自己知道,不知道自己不知道,到知道自己知道,再到知道自己不知道的过程。越学习,越研究,视野和格局也越大。但同时,在知识这个圆圈里就看到更多未知的东西。每个人的力量是有限的,却是不可忽视的。找准一个研究方向,深度挖掘,你所做出的贡献就会在知识这个大圆圈上顶出一个小小的凸起。正是因为成千上万的研究者都在努力顶着属于自己的这个小小凸起,知识的圆圈才会越来越大,人类才能接触到越来越多的未知世界。

　　我很喜欢这个说法,与君共勉。

第三章

师之以人：因材以施教

吾说吾事——因材施教

并不是每次课都上得那么愉快。教学总是需要不断改进。不记得确切的日子了，只记得那天傍晚出现了晚霞。还是和Q先生走在小区内的人行道上，身边有跑步锻炼的人不断地超越我俩。

Q：你今天看上去有点儿累，不太像平常上课回家后的状态。

我：并不是每次课都那么令人兴奋。总会有起伏。

Q：那今天是低潮？

我：嗯，也算不上低潮吧，就是情绪没有那么高昂。

Q：说来听听吧。

我：今天讨论课的内容是电影的观后感，这个任务需要学生做好充足的课前准备。我上周课堂教学结束后已经把电影分享给学生了，由于担心他们专业课作业多，社团工作忙，会忘记这项预习作业，我昨晚还专程发了消息给他们，提醒他们在观看电影的过程中可以关注的要点。

Q:你这样处理很好啊。在你的提醒下,学生的完成度应该比较高的吧。

我:嗯,我是不是有点儿太天真了。真的觉得提醒之后,学生都会去观看。

Q:看来是学生的预习完成度让你不满意。

我:是的。因为没有观看电影,直接影响到课堂讨论的效果。今天的讨论课效果明显不佳。

Q:的确。碰到这种情况,你怎么处理呢?

我:只能根据学生预习的情况,临时改变设计任务。

Q:我相信以你多年的教学经验,临时调整教学任务应该不算是个大难题吧。

我:在这个班级进行的时候发现了这个问题。当时做了任务微调,总算是完成了任务设计的目标,但效果还是打了折扣,我需要补充其他内容。在第二个班级进行任务实施的时候,我在课间休息的时候,先了解了一下情况,当即改变了教学设计,这个班的效果还是非常不错的。

Q:那你为什么还不开心呢?

我:就出现问题—寻找解决办法—解决问题这一点来说,我对自己的处理还是比较满意的。可能我太希望每次课都能完美吧。尽管从这么多年的教学经验来看,明明知道这是不可能完成的任务。

Q:那就看好的方面,你的应急能力很强啊。

我:这是经验积累的结果。不过这次事件也提醒我,因材施教不能只从静态的角度去考量学生的特点和需求,还需要实时地观察学生的变化和状态,进行动态调整。

Q:我能说,我很喜欢你对因材施教的这个解读吗?还很希望你能把它灵活运用到小Q的作业辅导上。

我:好吧,你这又是哪壶不开提哪壶。走吧,佛系懒妈要上岗了。争取对小Q也做到因材施教吧。

读有所得——温故知新

一、学为中心,因材施教

大学英语课程建设、发展及改革进程体现了整体主义(holistic)的取向,谋求的是学习者在心智、情感、心理和精神上的高度平衡,促进学生创造性思维和学习上的自我导向,使他们朝着健全人格(whole person)的方向发展。大学英语教学改革从只关注学生学习技能和文化素养培养的单一学习目标,发展到关注学生社会语言能力、跨文化交际能力和自主学习能力的全人培养。大学英语课程取消统一制定的教学大纲,遵从《大学英语教学指南》,其教学思想是语言教学不再是不可变动的一块钢板。针对不同的地区,不同的社会需求,不同的教学对象,语言教学可以体现语言多样性、个体性的特点,采取多种教材、不同教法,以学生为中心的"教"适应"学",实施多种开放式教学。其中心原则是要以学生为中心,以学生的发展为本。语言教学的设计应该把学生的情感——兴趣、自信心、学习习惯、学习策略、自学能力和合作精神包括进去。

在以学生为中心的教学模式下,因材施教是重要的教学方法和教学原则。其要求教师根据不同学生的认知水平、学习能力以及个体素质,选择适合每个学生特点的学习方法,进行针对性教学,希望能帮助学生发挥长处,弥补学生的不足,激发学生学习的兴趣,树立学生学习的信心,从而促进学生的全面发展。这种以学生为中心的教学模式强调学生的主体地位,激发学生的兴趣爱好,促发学生的能动作用,增强学生的个体体验,挖掘学生的创造潜能。(邬易平,王蕾,2010)

在实际教学实施过程中,我发现因材施教不能仅限于静态视角,观察学生的性格、性别、年龄等特点,掌握他们的学习需求,同时还应该动态地实时地观察学生在学习过程中的变化和状态,实时进行教学设计和实施的调整。

除了任务设计的适时调整，语料输入的内容也需要及时调整。

二、"以学习者为中心"的心理学原则

美国心理学会（American Psychological Association，APA）从认知和元认知因素（cognitive and metacognitive factors：Principle 1-6）、动机和情感因素（motivational and effective factors：Principle 7-9）、发展和社会因素（developmental and social factors：Principle 10-11）、个体差异因素（individual differences factors：Principle 12-14）4个方面提出14条以学习者为中心的心理学原则。教师在教学过程中对于这些原则的研读和实践，有助于其进行"以学习者为中心"的教学实践。

1. 学习过程的本质

学习是对信息和经验进行有目的的意义建构，对复杂的内容最有效。

学习过程有不同类型，例如，运动技能学习中的习惯养成和知识生成，认知技能以及学习策略的学习过程。学校学习强调有目的的学习过程，其中，学习者能从信息、经验、自身思考以及信念中建构意义。成功的学习者积极主动，具有目标导向性，能自我调控并能承担自身学习责任。此文中所论述的一系列原则都是基于这种类型的学习。

Principle 1: Nature of the Learning Process

The learning of complex subject matter is most effective when it is an intentional process of constructing meaning from information and experience.

There are different types of learning processes, for example, habit formation in motor learning; and learning that involves the generation of knowledge, or cognitive skills and learning strategies. Learning in schools emphasizes the use of intentional processes that students can use to construct meaning from information, experiences, and their own thoughts and beliefs. Successful learners are active, goal-directed, self-regulating, and assume personal responsibility for contributing to their own learning. The principles set forth in this document focus on this type of learning.

2. 学习过程的目标

随着时间的推移,在教学的指导和支持下,成功的学习者能够创建有意义的、连贯的知识表征。

学习的策略性本质要求学习者必须具有目标导向性。为建构有用的知识表征,获取终身学习所需的思维和学习策略,学习者必须确立和追求与自身相关的目标。学生在某一领域中最初的短期目标和学习可能并不详细,但通过对学科日积月累的查漏补缺,以及解决问题的能力及理解力的提高,他们能达成长期目标。教育者应帮助学习者设立与个人志趣和教育志趣相一致的有意义的学习目标。

Principle 2: Goals of the Learning Process

The successful learner, over time and with support and instructional guidance, can create meaningful, coherent representations of knowledge.

The strategic nature of learning requires students to be goal directed. To construct useful representations of knowledge and to acquire the thinking and learning strategies necessary for continued learning success across the life span, students must generate and pursue personally relevant goals. Initially, students' short-term goals and learning may be sketchy in an area, but over time their understanding can be refined by filling gaps, resolving inconsistencies, and deepening their understanding of the subject matter so that they can reach longer-term goals. Educators can assist learners in creating meaningful learning goals that are consistent with both personal and educational aspirations and interests.

3. 知识的建构
成功的学习者能有意义地联结已有知识和新信息。

随着学习者不断地在已有知识库、新信息和经验之间建立联结,他们的知识得以拓展和深化。联结有不同形式,包括添加、修正以及重组已有的知识或技能。联结产生和发展的方式会因为不同学科领域及不同天赋、兴趣与能力的学生而不尽相同。然而,只有当新知识与学习者的已有知识和理解相融合,新知识才不会被孤立,才能在新任务中最有效地得以运用,才能稳定地迁移到新的学习情境之中。教育者应针对不同能力的学生,通过使用有效的策略,帮助学习者获取和整合知识,如概念图、专题组织或归类等。

Principle 3: Construction of Knowledge

The successful learner can link new information with existing knowledge in meaningful ways.

Knowledge widens and deepens as students continue to build links between new information and experiences and their existing knowledge base. The nature of these links can take a variety of forms, such as adding to, modifying, or reorganizing existing knowledge or skills. How these links are made or develop may vary in different subject areas, and among students with varying talents, interests, and abilities. However, unless new knowledge becomes integrated with the learner's prior knowledge and understanding, this new knowledge remains isolated, cannot be used most effectively in new tasks, and does not transfer readily to new situations. Educators can assist learners in acquiring and integrating knowledge by a number of strategies that have been shown to be effective with learners of varying abilities, such as concept mapping and thematic organization or categorizing.

4. 策略性思维

成功的学习者能创造并使用一整套思维和推理策略来达成复杂的学习目标。

成功的学习者能在学习、推理、解决问题和概念学习的过程中使用策略性思维。他们理解和使用不同的策略来完成学业,达成目标,并在新的情境中运用知识。同时,他们还会通过反思方法的适切性,接受指导性教学和反馈,以及观察或调试恰当的模式来不断地拓展其策略库。如果教育者能帮助学习者开发、应用以及评估策略性学习技能,那么他们的学习效果会得以提升。

Principle 4: Strategic Thinking

The successful learner can create and use a repertoire of thinking and reasoning strategies to achieve complex learning goals.

Successful learners use strategic thinking in their approach to learning, reasoning, problem solving, and concept learning. They understand and can use a variety of strategies to help them reach learning and performance goals, and to apply their knowledge in novel situations. They also continue to expand their repertoire of strategies by reflecting on the methods they use to see which work well for them, by receiving guided instruction and feedback, and by observing or interacting with appropriate models. Learning outcomes can be enhanced if educators assist learners in developing, applying, and assessing their strategic learning skills.

5. 元认知

用于选择和监控思维活动的高阶策略(元认知)能促进创造性思维与批判性思维的培养。

成功的学习者能有效反思其思考和学习过程,能合理设定学习目标,能选择合适的学习策略及方法,并监控其实现目标的过程。此外,当有问题出现或未能有效及时地完成目标进度时,他们能有效解决问题。他们会找出新的方法实现目标(或者重新评估目标的合适性和实用性),帮助学习者培养高阶策略的指导方法有助于优化学习者的学习和提高学习者学习的责任感。

Principle 5: Thinking About Thinking

Higher order strategies for selecting and monitoring mental operations facilitate creative and critical thinking.

Successful learners can reflect on how they think and learn, set reasonable learning or performance goals, select potentially appropriate learning strategies or methods, and monitor their progress toward these goals. In addition, successful learners know what to do if a problem occurs or if they are not making sufficient or timely progress toward a goal. They can generate alternative methods to reach their goal (or reassess the appropriateness and utility of the goal). Instructional methods that focus on helping learners develop these higher order (metacognitive) strategies can enhance student learning and personal responsibility for learning.

6. 学习情境

学习受包括文化、技术和教学实践在内的环境因素的影响。

学习并不是在真空环境中发生的。教师在学习者和学习环境之间发挥主要的互动作用。文化及群体对学习者的学习动机、学习倾向和思维方式等教学因素均有影响。技术和教学实践应适合学习者的已有知识水平、认知能力以及学习和思维策略。课堂环境,尤其是具有培育性的课堂环境对学习产生重要影响。

Principle 6: Context of Learning

Learning is influenced by environmental factors, including culture, technology, and instructional practices.

Learning does not occur in a vacuum. Teachers play a major interactive role with both the learner and the learning environment. Cultural or group influences on students can impact many educationally relevant variables, such as motivation, orientation toward learning, and ways of thinking. Technologies and instructional practices must be appropriate for learners' level of prior knowledge, cognitive abilities, and their learning and thinking strategies. The classroom environment, particularly the degree to which it is nurturing or not, can also have significant impacts on student learning.

7. 学习动机和情感因素

学习者的动机影响学习者的学习内容以及学习程度,而学习动机受个人的情感、信念、兴趣、目标和思维习惯的影响。

内心世界的丰富想法、信念、目标和对成功的期许会增强或削弱学习者思维和信息加工的质量。学生关于自身作为学习者的信念及其对学习本质的认识对动机有显著影响。动机和情感因素影响思维和信息处理的质量以及个人的学习动力。积极情绪,如好奇心,通常会增强动机和提升学习表现。适度焦虑通过使学习者把注意力聚焦到某一特定任务上,也能促进学习表现。但紧张消极的情绪(如焦虑、恐慌、愤怒、不安)以及与之相关的想法(如对能力的担忧、对失败的反复预测以及对惩罚、嘲笑和蒙羞的恐慌)通常都会削弱学习动机,干扰学习并影响学习表现。

Principle 7: Motivational and Emotional Influences on Learning

What and how much is learned is influenced by the learner's motivation. Motivation to learn, in turn, is influenced by the individual's emotional states, beliefs, interests and goals, and habits of thinking.

The rich internal world of thoughts, beliefs, goals, and expectations for success or failure can enhance or interfere with the learner's quality of thinking and information processing. Students' beliefs about themselves as learners and the nature of learning have a marked influence on motivation. Motivational and emotional factors also influence both the quality of thinking and information processing as well as an individual's motivation to learn. Positive emotions, such as curiosity, generally enhance motivation and facilitate learning and performance. Mild anxiety can also enhance learning and performance by focusing the learner's attention on a particular task. However, intense negative emotions (e. g., anxiety, panic, rage, insecurity) and related thoughts (e. g., worrying about competence, ruminating about failure, fearing punishment, ridicule, or stigmatizing labels) generally detract from motivation, interfere with learning, and contribute to low performance.

8. 内在学习动机

学习者的创造力、高阶思维能力以及自然的好奇心均对学习动机产生影响。那些具有最优创新性和难度的、与个人兴趣休戚相关的且能由个人选择和控制的任务能激发内在学习动机。

好奇心、灵活深刻的思维力和创新力是反映学习者内在学习动机的主要指标。在很大程度上，内在学习动机能满足提升能力、加强自律性等基本需求。能够激发学习者内在动机的任务往往是学习者认为有趣的、与己相关的、有意义的、复杂度和难度与其能力相当的任务，他们相信自己能成功完成该任务。同样，那些类似于真实世界情境，满足个体选择和控制需求的任务也能增强内在动机。教育者通过关注学习者在创新性、难度、相关性、自我选择和控制等方面的不同认知来激发和支持他们的好奇心和学习动机。

Principle 8: Intrinsic Motivation to Learn

The learner's creativity, higher order thinking, and natural curiosity all contribute to motivation to learn. Intrinsic motivation is stimulated by tasks of optimal novelty and difficulty, relevant to personal interests, and providing for personal choice and control.

Curiosity, flexible and insightful thinking, and creativity are major indicators of the learners' intrinsic motivation to learn, which is in large part a function of meeting basic needs to be competent and to exercise personal control. Intrinsic motivation is facilitated on tasks that learners perceive as interesting and personally relevant and meaningful, appropriate in complexity and difficulty to the learners' abilities, and on which they believe they can succeed. Intrinsic motivation is also facilitated on tasks that are comparable to real-world situations and meet needs for choice and control. Educators can encourage and support learners' natural curiosity and motivation to learn by attending to individual differences in learners' perceptions of optimal novelty and difficulty, relevance, and personal choice and control.

9. 动机对努力程度的影响

掌握复杂知识和技能需要学习者长期的努力和指导性练习。若没有学习动机或一定的强制性，学习者不太可能完全自愿地付出努力。

努力程度是衡量学习动机的另一个重要指标。掌握复杂知识和技能需要学习者坚持不懈地投入大量精力以及策略性努力。教育者需要使用那些提升努力程度和学习责任感的策略，追求学习和理解高标准的策略来激发学习者的动机。有效的策略，包括提高学习者正面情绪和内在学习动机的有意义的学习活动以及增进学习者对于有趣且与己相关的任务认知的方法。

Principle 9: Effects of Motivation on Effort

Acquisition of complex knowledge and skills requires extended learner effort and guided practice. Without learners' motivation to learn, the willingness to exert this effort is unlikely without coercion.

Effort is another major indicator of motivation to learn. The acquisition of complex knowledge and skills demands the investment of considerable learner energy and strategic effort, along with persistence over time. Educators need to be concerned with facilitating motivation by strategies that enhance learner effort and commitment to learning and to achieving high standards of comprehension and understanding. Effective strategies include purposeful learning activities, guided by practices that enhance positive emotions and intrinsic motivation to learn, and methods that increase learners' perceptions that a task is interesting and personally relevant.

10. 学习的发展因素

个体发展的过程中存在着不同的学习机遇和限制条件。充分考虑到个体的身体、智力、情感和社会性等方面的发展差异时,学习最为有效。

当学习材料适合个体的发展水平,并以令人愉悦和有趣的方式呈现时,个体学习达到最佳状态。个体在智力、社会性、情感、身体等方面的发展各不相同,因此他们在不同教学领域取得的成绩也不尽相同。过度强调某一方面的发展——如阅读理解方面的发展——可能会妨碍学习者在其他更具能力的领域中的表现。学习者个体的认知、情感和社会性发展以及他们对生活经验的诠释,均受到之前学校教育、家庭、文化、社区等因素的影响,同时也受到父母对孩子持续的早期教育以及亲子之间高质量的言语互动和双向交流的影响。清楚地意识和理解有或没有情感、身体、智力缺陷的儿童之间的发展差异,能有效促进最佳学习环境的建构。

Principle 10: Developmental Influences on Learning

As individuals develop, there are different opportunities and constraints for learning. Learning is most effective when differential development within and across physical, intellectual, emotional, and social domains is taken into account.

Individuals learn best when material is appropriate to their developmental level and is presented in an enjoyable and interesting way. Because individual development varies across intellectual, social, emotional, and physical domains, achievement in different instructional domains may also vary. Overemphasis on one type of developmental readiness—such as reading readiness, for example— may preclude learners from demonstrating that they are more capable in other areas of performance. The cognitive, emotional, and social development of individual learners and how they interpret life experiences are affected by prior schooling, home, culture, and community factors. Early and continuing parental involvement in schooling, and the quality of language interactions and two-way communications between adults and children can influence these developmental areas. Awareness and understanding of developmental differences among children with and without emotional, physical, or intellectual disabilities, can facilitate the creation of optimal learning contexts.

11. 学习的社会性因素

学习受社会互动、人际关系以及人际沟通的影响。

学习者在学习活动中与他人互动合作能有效提升学习效果。支持互动性、尊重多样化的学习环境能鼓励灵活思考和培养社交能力。在交互合作的教学情境中,学习者个体能进行多角度、反思性思维,从而帮助学习者促进高阶认知,发展社会道德意识,以及提升自尊心。稳定、信任与关爱的高质量人际关系会增强学习者的归属感、自尊心与自我接受度,形成积极的学习氛围。家庭影响、积极的人际关系以及自我激励策略的指导能够弥补干扰学习的消极因素,如某些特定学科学习能力不足、考试时的高度焦虑、消极的性别角色预判和过度追求完美。积极的学习氛围同样有助于建构更健康的思维、感受与行为的情境,帮助学习者获得分享观点、积极参与学习过程以及创建学习社区的安全感。

Principle 11: Social Influences on Learning

Learning is influenced by social interactions, interpersonal relations, and communication with others.

Learning can be enhanced when the learner has an opportunity to interact and to collaborate with others on instructional tasks. Learning settings that allow for social interactions, and that respect diversity, encourage flexible thinking and social competence. In interactive and collaborative instructional contexts, individuals have an opportunity for perspective taking and reflective thinking that may lead to higher levels of cognitive, social, and moral development, as well as self-esteem. Quality personal relationships that provide stability, trust, and caring can increase learners' sense of belonging, self-respect and self-acceptance, and provide a positive climate for learning. Family influences, positive interpersonal support and instruction in self-motivation strategies can offset factors that interfere with optimal learning such as negative beliefs about competence in a particular subject, high levels of test anxiety, negative sex role expectations, and undue pressure to perform well. Positive learning climates can also help to establish the context for healthier levels of thinking, feeling, and behaving. Such contexts help learners feel safe to share ideas, actively participate in the learning process, and create a learning community.

12. 学习中的个体差异

由于已有经验和遗传因素的影响,学习者具有不同的学习策略、学习方法和学习能力。

个体的能力和天赋与生俱来,且不断发展。此外,通过学习和适应社会文化,学习者形成独特的学习方式和学习节奏的偏好。然而,这些偏好在帮助学习者达成学习目标时并不总是有用。如有需要,教育者应帮助学习者审视他们的学习偏好,并予以拓展和调整。学习者的个体差异与课程和环境之间的交互作用是影响学习效果的另一个关键因素。总体而言,教育者应对学习者的个体差异体察入微。同时,他们还应关注由不同教学方法和教学内容而造成的不同学习者在接受度和适应度上的差异性。

Principle 12：Individual Differences in Learning

Learners have different strategies, approaches, and capabilities for learning that are a function of prior experience and heredity.

Individuals are born with and develop their own capabilities and talents. In addition, through learning and social acculturation, they have acquired their own preferences for how they like to learn and the pace at which they learn. However, these preferences are not always useful in helping learners reach their learning goals. Educators need to help students examine their learning preferences and expand or modify them, if necessary. The interaction between learner differences and curricular and environmental conditions is another key factor affecting learning outcomes. Educators need to be sensitive to individual differences, in general. They also need to attend to learner perceptions of the degree to which these differences are accepted and adapted to by varying instructional methods and materials.

13. 学习和多样化

当充分考虑到学习者语言、文化和社会背景差异的时候,学习是最有效的。

对所有学习者来说,学习过程、学习动机及有效教学的基本原则都一样。然而,语言、民族、种族、信仰和社会经济地位也同样影响学习。教学情境中关注这些因素能有效建构设计和运用合适的学习环境。当学习者认识到他们在能力、背景、文化和经验方面的差异已经得到重视、尊重,并在学习任务和学习情境中得以体现时,他们的学习动机和学习表现将得以提升。

Principle 13: Learning and Diversity

Learning is most effective when differences in learners' linguistic, cultural, and social backgrounds are taken into account.

The same basic principles of learning, motivation, and effective instruction apply to all learners. However, language, ethnicity, race, beliefs, and socioeconomic status all can influence learning. Careful attention to these factors in the instructional setting enhances the possibilities for designing and implementing appropriate learning environments. When learners perceive that their individual differences in abilities, backgrounds, cultures, and experiences are valued, respected, and accommodated in learning tasks and contexts, levels of motivation and achievement are enhanced.

14. 标准与评价

设置难度和挑战性合适的标准,对学习者和学习过程进行评价——包括诊断性评价、形成性评价和总结性评价——是学习过程不可或缺的组成部分。

评价为学习者和教师提供学习过程各个阶段中的重要信息。有效学习发生在当学习任务对于学习者而言有一定挑战性且目标高度合适时。因此,对教学材料的难度做最优化的选择时要考虑学习者认知水平的强弱差异,并评估其现有知识及技能。学习者对于学习材料理解程度的持续性评估,可以给学习者和教师在学习目标达成上提供有价值的反馈。对于学习者过程性和总结性的标准化评价能提供不同教学决策。决策的实施会对个体或在个体之间形成不同的信息。而成绩考核能提供有关学习效果达成度的其他信息资源。学习过程中的自我评价也可以提升学习者的自我评价技能,增强学习动机,提高自主学习能力。

Principle 14: Standards and Assessment

Setting appropriately high and challenging standards and assessing the learner as well as learning progress—including diagnostic, process, and outcome assessment—are integral parts of the learning process.

Assessment provides important information to both the learner and teacher at all stages of the learning process. Effective learning takes place when learners feel challenged to work towards appropriately high goals; therefore, appraisal of the learner's cognitive strengths and weaknesses, as well as current knowledge and skills, is important for the selection of instructional materials of an optimal degree of difficulty. Ongoing assessment of the learner's understanding of the curricular material can provide valuable feedback to both learners and teachers about progress toward the learning goals. Standardized assessment of learner progress and outcomes assessment provides one type of information about achievement levels both within and across individuals that can inform various types of programmatic decisions. Performance assessments can provide other sources of information about the attainment of learning outcomes. Self-assessments of learning progress can also improve students self appraisal skills and enhance motivation and self-directed learning.

　　我应该算是"以学习者为中心"的忠实拥趸。在仔细研读这14条原则之后,我开始对"以学习者为中心"进行理性的思考。

　　首先,"以学习者为中心"的教学应建立在对学习者尊重、了解和理解之上。尊重不同学习个体的个体差异和文化差异,以及他们不同的学习风格,关注他们的学习动机、学习过程中的情感因素,了解他们不同的学习策略、学习方法和学习能力。

其次,"以学习者为中心"的教学在教学内容的选择上要关注其难度、新颖度和挑战性。根据学习者本身已有的知识和已有的学习经验,给予难度适当、有一定挑战性的任务。这与Vygotsky提出的最近发展区(Zone of Proximal Development)[①]的理念一致。

再次,"以学习者为中心"的教学将学习看作一个有目标导向的、讲究方法策略的、进行过程性评价的知识建构的动态过程。为了实现某个具体的学习目标,根据学习者自身的学习特点,采用适合学习者的方法策略,帮助其建构知识体系。这个过程应该根据学习者自身的变化、学习目标的变化、学习情境的变化而进行动态调整,且通过评估和自我评估帮助学习者了解整个学习过程及学习效果。

然后,"以学习者为中心"的教学应注重培养学习者对学习方法的理解、运用和思考,使他们成为积极的、会学习的、会自我反思的人和自主的学习者。这不仅有利于优化他们的学习效果,更有助于其培养自主学习和终身学习的习惯。

最后,"以学习者为中心"的教学应关注有效的教学情境的建构。通过搭建交互合作(师生合作和生生合作)的教学情境,即学习共同体,帮助学习者找到归属感和安全感。

教有所得——以生为本

教学有法,教无定法,贵在得法。

——叶圣陶

---

① 最近发展区是学习者独立解决问题的实际发展水平与在有经验的成人指引下或能力高的同伴合作中解决问题时所体现的潜在发展水平之间的差距(Vygotsky, 1978:86),即在学生现有水平与其尚未能独立处理和运用的知识或技能之间的沟渠。

2014年上半年，我所带的三个班级是 ZNQ 学院的三个平行班。ZNQ 学院是我校的荣誉学院，学院学生是当年招生中成绩最高的，英语水平相对较好，也较为接近。研究生 H 在这个学期跟踪我的课堂教学，进行课堂实录以及课后的面谈[①]，并将录音材料转为相应的文本，作为质性研究的一手资料。

在这个部分，我想和大家分享的是在课堂上灵活应对的故事。课堂并不是一成不变的，哪怕相同的课堂教学计划，也会因为学生不同、学生和教师的学习状态不同、教学环境的不同而发生变化。因此，在课堂教学中，教师要迅速适应"失控感"，并及时找到合适的教学策略用于调整。所谓教学经验，其实更多的是指课堂上发现问题、分析问题以及解决问题的现场掌控能力。

一、临时分组打破学习舒适区

研究生 H：老师，你今天这样分组的意图是什么？

我：今天这个分组是课堂上临时想出来的，因为这堂课前学生都有早自修，所以在课堂上他们是疲惫的状态，不会那么迅速地处于一种兴奋的状态。这种课堂上的临时分组，看上去可能会花点时间也比较凌乱，但是我觉得这样会让学生进入一个比较放松的状态，也让学生能比较容易进入后面的环节。打乱还有一个原因是他们从上个学期到这个学期的小组都是固定的，这样会让小组成员之间形成一种很明显的依赖关系，就是谁是比较勤快的，谁是比较好的，他们都会依赖他，所以我现在要打乱他们。打乱后会出现什么问题呢？每次我是按照他们当天的表现来给 A（成绩）的。假如说你今天是跟这个小组的，你把希望都寄托在别人身上，而下次你会去别的小组，很可能拿不到 A。而有的同学是非常积极地自己去争取的，所以他几乎每次都可以拿 A。会出现这样两种极

---

① 感谢研究生 H 采访后进行的语音转录工作，并将资料共享。

端的情况，因此这样可以促使他们自己去争取拿 A 而不是依赖自己的组员。我发现有一部分学生比之前积极主动许多，他们会愿意站起来说，哪怕他们觉得自己说得不好，他们也愿意站起来。所以基本上就是打乱他们的分组。分组一般有两种形式，平常的讨论完全是随机的，而且他们有个特别有意思的现象，就是发现我在上面弄不清的时候他们会认为很好玩，然后就很放得开。前两次我们做的 discussion 部分，责任是比较明确的，相对来说每个人的参与度都是有保证的，所以那个分组形式是定下来的，这对他们期末的口语考试也有帮助。

课堂组织的小活动的具体操作体现教师对学生性格特点的了解和关注。小组成员相对固定的教学安排是为了帮助学生建立一个较为熟悉的安全区。在这个安全区内，经过多次合作，小组成员彼此之间会加深了解。这有助于他们在课堂上进行合作学习。但固化的小组安排并非永远都是最佳选择。偶尔打破这种形式，让学生学会和其他组员合作，也有助于给他们创设一个真实的社交环境。

这样的教学设计原则主要考虑以下两个方面。

第一，学生所处群体对其学习动机、任务参与度以及思维方式等有一定的影响。较为熟悉的交互合作的教学情境，能增加学生参与活动的主动性，从而鼓励其灵活思考，自由发表观点，进行多角度、批判性的探讨。

第二，相对固定的小组成员之间能建立相对稳定的、基于信任与关爱的高质量交互关系，增加小组成员的归属感、自尊心与自我接受度，形成较为积极的学习氛围。积极的学习氛围同样有助于学生建构更健康的思维、感受与行为的情境，帮助学习者获得分享观点、积极参与学习过程以及创建学习社区的安全感。

同样，偶尔打破这种固化的小组合作，在课堂上临时分组进行合作讨论，对有些学生而言是有新鲜感的，他们在团队合作中能迅速找到自己的定位，完成教学任务。也有些同学会产生一定的焦虑，但适度焦虑可以使学习者的注意力聚焦在任务的完成上。这样，学生不会疲于固化的团队角色，反而会努力适应新团队的角色，这样也能促进学习表现。

二、课前预习搭建学习连贯性

研究生 H：今天做讨论任务的时候，我发现有些同学没看过那部电影，所以没东西可说，然后老师你设置了一个环节让小组里的一个学生做 retell，其他学生再根据他所说的进行讨论。这个安排是临时决定的吗？是弥补一些学生没看电影的对策吗？

我：对，这个确实是临时安排的。这是个意外状况，怎么说呢，因为刚开始的时候我以为布置电影大家都会去看，但是学生可能因为忙或事情多他就没时间看或者忘记了。尽管我昨天晚上发了短信提醒他们看电影的时候要关注哪几个方面，但我还是发现有几个同学没做这个准备。

研究生 H：是的，今天我也听到坐在我前面的那一组同学说没看过，还有就是今天的讨论课和之前的比起来气氛不太热烈。

我：是的，其实今天的讨论课是为这个单元的总结做的准备。这个部分是课文的一个导入，比较轻松，甚至不能称为讨论。今天我更侧重的类似于 free talk。所以你看，虽然我最后要求他们站起来做 presentation，但这个 presentation 我并没有要求他们包括三部分——beginning、ending、analysing。完全是自由的，你有什么感受讲什么，是一种情绪的 sharing，所以这部分是一个非常自由的状态。为什么分小组，因为小组交流才有效。大范围的交流时很多学生只是坐在那里的，特别是那些没看的。所以这个部分只能按照小组来，而且通常这个部分我是不做硬性规定的。就是我会要求你说感受，你只要说出来就 OK 了。它就像一种铺垫。而且那个 text 相对比较简单，如果专门去讲单词对他们来说是没有意义的，这些可以自学。

研究生 H：那就是说课文里面的单词他们都是自学的？

我：是的，我会课后发文件让他们自己去学。他们今年要考四六级，这些单词对他们来说都不难，没有超出他们的范围，平常运用起来也比较 OK。每个单元我都会给他们补充不同主题的词。这个班不一样，他们的英语能力相对来讲强一点，如果是基础相对弱一点的班，那我会集中在课本的单词上。

研究生 H：那老师你觉得今天他们讨论的效果怎么样？

我：嗯，怎么说呢，其实今天的目的已经达到了。第一，我要求他们自己到文章中去寻找信息；第二，我要他们知道 suggestion 要用祈使句的形式来表达；第三，文章是用 example 来支撑观点的，并不是都说大道理的。这三点在他们的表格中，我就知道他们做到了。我知道你的意思，这次的课没前两次那么热烈和投入，但是我的感受是不一样的，课是有缓有急的，有些课应该允许它平淡进行。这一部分它本身就是一种知识的储备，所以侧重点不在于他们讨论的激烈程度，而是他们相互间的分享。

电影观后感的讨论设计，是我希望通过对适合学生个体发展水平，同时又具有一定挑战性和难度的教学材料的讨论，帮助学生个体达到其最佳的学习状态。

学生通过课前观看电影，获取相关知识。小组成员之间观点的分享对彼此而言是新信息的获取。在讨论过程中，学生不断地在已有的知识库、已有的情感体验和新的信息之间搭建关联，使所获取的知识得以拓展和深化。同时，对电影的讨论是通过令人愉悦而又有意思的方式呈现教学材料。

此次教学活动中有部分学生没有完成电影的预先观看和学习，从而在一定程度上影响了课堂讨论活动的质量，这也从另一方面反映了知识的深化和拓展是建立在已有知识和经验与新知识之间的关联之上的。学习是一个连贯性的过程。

三、任务调整适应学生多样性

对于这次课堂任务的实施,我的直观感受稍显平淡。当然并非每次课程都是畅快淋漓的。在一定程度上,此次课堂教学达到了我预先设定的教学任务。但是和研究生 H 的对话提醒我教学任务还可以继续改进。于是在随后第三、四节的重复课上,我进行了调整,并通过教学日志的形式反馈给了研究生 H。

今天第三、四节课的班级举行了同样的活动,我做了一些修改。总觉得在第一个班级,这个活动进行得有些不尽如人意,这说明这个活动还有需要改进的地方。所以我根据第二个班学生的特点,做了几个小的改动,结果非常成功,就当作我自己课后的自我反思吧。(1)在进入活动之前,加长了开始的铺垫导入部分,根据学生的反应,先要求他们讲述是否喜爱这部电影,为什么喜爱,哪些方面打动了他们。这个过程比第一个班的要长,参与的学生也比较多。这个铺垫,帮助更多的学生加深对电影情节的理解,是个不错的辅助活动。(2)小组讨论过程中,我更注重他们对某些情节的不同的理解,引导小组内部讨论。每个小组都很投入,这个活动和之前的班级比较,让我感到第一个班的讨论,可能针对性不强,不够深入。但如果没有这个比较,我可能会觉得第一班也达到了我要的效果。毕竟当时的讨论气氛还是比较热烈的。(3)最后一个环节是展示环节。因为分组讨论时,每个小组都完成得不错。有一个小组里的两个同学发生了激烈的辩论,于是我临时改变了教学计划,要求两个同学站起来在全班同学面前辩论。结果这个话题很吸引大家,全班同学听得很认真,随时都有回应,还有第三位同学主动参与了讨论,与我有了不同意见。这场全英文的辩论,可以用四个字总结:酣畅淋漓!我今天真是太高兴了,就这十分钟的改

变,把全班都吸引住了,而且表达无障碍!这三个同学起到了非常
好的榜样作用,让其他同学知道了自己是有能力完成一场英文辩
论的。不过,其中有一个很重要的原因,我认为跟班级学生的性格
和氛围很有关系。第二个班是一个很稳重的班级,通常我会喜欢
用"中规中矩"来形容他们。活动交到他们手里,他们会保质保量
完成,让人很满意。今天这个活动,他们班之所以能有火花,主要
原因是:(1)前期准备比较充分;(2)对于电影,他们是喜爱的,并且
有认同和不认同的深度思考;(3)他们较为喜欢观点的表达和陈
述;(4)他们的英语语言基础比较好,口语表达能力强。

这是针对一次课堂教学设计调整的反思。由于第一个班级的教学活动
实施效果一般,我在第二个班级上课的时候,临时进行了教学设计方面的调
整。一方面,根据第一个班级在实施过程中出现的问题进行调整;另一方
面,根据这个班级学生的学习特征进行调整。在回家路上,我很仔细地回想
了整个过程。这次自我对话帮助我加深了对课堂活动设计原则的理解。首
先,课堂活动设计和实施应基于学生对教学内容的了解程度(导入活动的深
入探讨是后面分组讨论有效进行的基础)。在学生已经具有的语言知识和
能力的基础上,教师辅以脚手架作用,给予语言运用和思维训练的引导(参
与各小组的分组讨论,并进行指引,寻找合适的论题,激发讨论)。其次,课
堂活动设计和实施具有灵活性。我们要清醒地认识到并不是每次课堂活动
都能进行得完美无缺,面对一次不那么完美或者成功的教学活动,我们需要
及时寻找问题所在,进行相应调整(第二个班级的教学活动进行了调整)。
再次,课堂活动的设计和实施要尊重学习主体的学习特征(活动调整成功
后,我个人反思时考量到的主要因素)。每个班级学生的学习风格不一样,
有的班级活跃,表现力强,喜欢角色扮演或者对话练习;有的班级安静,阅读
写作能力强,喜欢读后感分享或者个人演讲。要根据不同班级、不同学生的
特点,设计适合他们的教学活动,并不规避他们不擅长的形式,而是引导他
们锻炼和加强练习。

这样,自我的声音不再是无病呻吟,而是会成为进一步促进研究者(被研究者)教学成长的强大助力。

任务设计的调整和改变可以发生在课堂任务进行的过程中,教师根据学生当时的状态进行相应的调整,也可以发生在重复课的任务设计中。大学英语教学主要针对全校非英语专业学生,班级众多。每位教师通常教授3—4个班级,每周都有重复课。重复课程的处理并不是简单地复制课程。同样的任务设计在实施过程中,会因为学生的不同反馈而发生改变。对于教师而言,任务实施不再是一成不变的,随时可以根据学生的变化调整、删减或者增加任务。

Q:所以说,这里的因材施教是针对重复课的处理?

我:不完全是。在课程进行的过程中,也需要根据学生的动态变化进行调整。当然,这里我更想聊聊我们对待重复课的态度。我以前把重复课当作磨课的过程。在第一个班级上课,虽然备课充分,但因为从未实施过,所以总会出现这样或那样的问题。对我而言,尤其是时间把控的问题。有些活动进行的时间太长会影响后面的教学任务的进行。在第二个班级进行教学实践的时候,就可以做调整了。这个时候,因为我已经熟悉了讲学内容,时间把控上也有了经验,所以往往第二个班级上课最为流畅。到了第三个和第四个班级的时候,容易出现进度偏快的现象。

Q:我一直以为重复课是最简单的,就是把同样的内容反复讲授。

我:不是的。但是我也发现自己有变化。以前的重复课是根据前一次任务实施过程中发现的问题来进行调整。现在的重复课我会根据学生的不同特点、不同水平和不同需求进行调整。除了性格、爱好、兴趣等不同外,我也会关注他们的专业。根据专业需求的不同进行调整。

Q:这个变化有意义吗?不都是任务设计的调整吗?

我:我觉得是有意义的。因为我的教学理念发生了变化。这将直接影响我的教学行为。简单来说,以前我是唯教学设计论的,但现在我是以学生为中心的。教和学不再是割裂的。

Q:这样是不是增加了你的负担。如果只关注教,你只需要关注课堂活动的设计即可。如果你以学生为中心,那就要求你特别了解你的学生。当然,从之前你和研究生H的对话中,我能看出你对自己的学生十分了解。

我:这个并不会额外增加我的负担。首先,我是在非常自然的交往状态下了解学生的。语言是交流的工具和载体,通过课堂教学中的言语沟通、活动实施,自然而然你就会了解你的学生,同时他们也了解了你。

Q:有道理。正如前面职业规划的那个任务设计,你的学生对你的判断相对而言还是比较中肯和贴切的。

我:是的。其次,对于学生的了解能帮助我更好地进行任务设计。任务设计的原则之一就是个性化。要尊重学生的个性化特征,当然你得先了解他们。这就和你们做建筑设计一样。你设计房子要了解自己的甲方,还要到当地做调研,了解当地的民俗习惯,并根据甲方和住户的需求进行设计。

Q:这么打比方我体会得就更深了。所以你是把学生当客户或者甲方来看待的?

我:不能这么笼统地概括吧。在我看来,学生是客户,这需要我有知识服务的意识。他们还是朋友,这需要我们有情感上的相互理解和支撑。他们还是伙伴,在课堂任务实施过程中,我们是合作关系,一起来完成一节课。这里,我比较关注的是通过教学方法、任务设计和实施的改变与调整,体现以学生为中心的教学内涵。

Q:所以三个班级的课堂是不一样的,即便教学内容是相同的。

我:没有一模一样的课堂,就像人不可能踏进同一条河两次。但在这里,我是有意识地进行任务的调整的。这点改变的确是基于我教学经验的积累和教学理念的改变。

吾之成长——寻求改变

在这一章里,我通过与研究生 H 之间的对话,对课堂上发生的临时性的教学设计和调整进行了反思与探究。

对于教学经验而言,我更倾向于在教师心里构建相应的教学设计原则,如前文所介绍的以学习者为中心的 14 条原则。对原则了然于心后,结合现实中的教学目标,针对不同的教学对象,灵活运用各项原则,就可进行教学任务的设计、实施和调整,而不是拘泥于某一特定的教学法进行教学。

因材施教可以分成两个部分进行解读(如图 3-1 所示)。"因材"指的是"以生为本",即以学生为中心,而学生是变化的。"施教"指的是"任务调整",即在教学实践过程中进行教学任务的调整,而教学是动态的。两者的动态变化,常常会带给我困惑,也带给我挑战。计划不如变化快,是真实存在的。但正是教学本身的不可操控性,才让我有了更多的机会去体验失控感,并在这种失控感中得以成长。

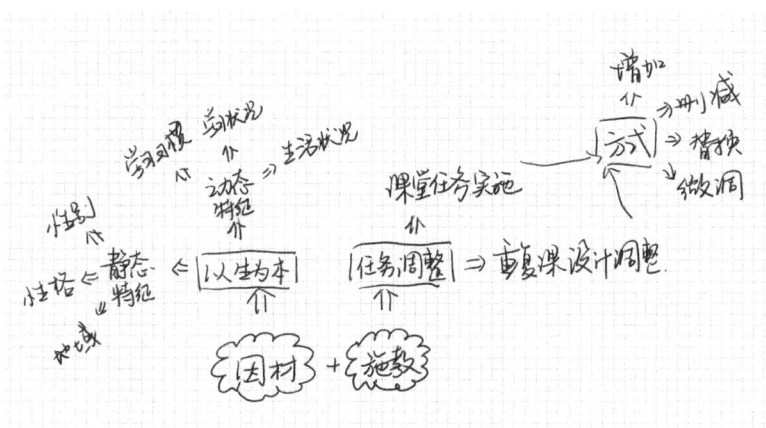

图 3-1　一章小结之思维导图:因材施教二轴图

改变,是不变的真理。与君共勉。

第四章

师之以图:导图助思维

吾说吾事——思维导图

小 Q 睡了,之后的时间是我和 Q 先生的阅读时间,当然也是我们聊天放松的时间。Q 先生翻看着朋友圈,像是发现了什么有趣的事情。

Q:我发现你在发状态的时候很喜欢用"××"的标签。

我:是的,发现什么规律了吗?

Q:大概看了一下,除了记录小 Q 的巧言妙语之外,你常用的有"阿 W 日常""佛系懒妈""巫师 A 安"三个标签。

我:知道为什么吗?

Q:这应该是你给自己的三种身份定位吧。

我:可以这么说吧。一个人常有多种身份。阿 W 是属于我自己的独享时光,这个标签下,我常常分享日常所思所想和所爱,所以你往往看到的是咖啡、美景和古风的诗。佛系懒妈呢,记录的是从妈妈的视角观察到的小 Q,这里往往是当妈妈的感悟,当然也有很多无奈。

Q:那"巫师 A 安",显而易见,就是你的教师身份了。

我:你知道这个标签的含义吗?

Q:大概是你中文姓和英文名的巧妙组合吧。

我:有这个原因。不过我的好姐妹教师 W 给了它一个完整的解释。这是目前为止,我最喜欢的诠释。

Q:说来听听。

我:我给你看吧。

(我展示了教师 W 给我写的介绍)

"教学于她,不仅仅是一堂堂课,更是一场和青春岁月共同成长的交往。课堂上她一手漂亮的英文字和可爱的思维导图,如同"巫师"手中的魔法棒,指导学生完成有挑战性的学习任务,使课程充满乐趣,让学生学有所获。所以她被学生称为'巫师 A 安'。"

Q:精彩点评啊。

我:你知道我最喜欢的是哪一点吗?

Q:魔法棒?因为你是哈利·波特迷。

我:是因为她提到了思维导图。她把思维导图比喻成我手中的魔法棒,赋予了"巫师"魔法的力量。并且由于这个魔法棒的使用,学生得以受益。

Q:可见除了美景、咖啡和写诗之外,你对思维导图也是真爱啊。

我:的确。不过思维导图是工具,我真正在意的是英语教学中思维的训练。你听说过"思辨缺席"这个说法吗?

Q:没有。不过顾名思义,应该是说思辨能力薄弱的现象吧。

我:对。1998 年,黄源深教授指出英语专业师生存在缺乏分析、综合、判断、推理、思考、辨析能力的问题,并把这种现象称为"思辨缺席征"。

Q:只有英语专业的师生才存在思辨缺席的现象吗?

我:最开始,提出思辨缺席的学者(黄源深,1998,2010;何其芊,1999)的主要研究对象是英语专业学生,他们认为分析问题、独立分析问题的能力是英语专业教育中的难题。后来有其他学者(彭青龙,2000;马爽,2018)指出我国大学生普遍存在着语言的交际能力薄弱、思辨缺席蔓延的现象。

Q:语言与思维互相关联。没有思维的语言苍白无力,没有语言的思维无法传达。不过语言课程上进行思维训练,这应该是有难度的吧。

我:是挺难的。主要是语言水平与思维能力之间有沟渠。有些学生的思维能力不错,但语言表达跟不上;有些学生是语言表达不错,但思维不开阔,创新思维、逻辑思维和批判性思维都欠缺。

Q:那你想出了什么金点子吗?

我:我目前阶段是希望借助思维导图的引入,通过教学设计和实践过程,让学生在完成任务的过程中,有意识地进行批判性思维训练。

Q:有效果吗?

我:取得了一些成效。学生在语言输入和语言输出时,能有效使用思维导图进行学习和表达。但对于他们思维水平和能力的提高,这个成效相对而言是隐性的,且需要长期坚持才行。毋庸置疑的是批判性思维训练在语言教学中的重要性。

读有所得——温故知新

一、批判性思维

思维是探索与发现事物的内部本质联系和规律性认知的智力活动,借助于已有的知识和经验、已知的条件推测未知的事物。语言是人类文化的载体和重要组成部分。思维和语言是人类反映现实的意识形态中两个互相关联的方面,语言的发展水平反映着思维的发展水平(孙杨淼,于红英,2015)。思维借助语言对客观事物进行概括,语言是思维的外在表现形式,思维则是语言的表达内容。

语言类课程的教学目标之一,是培养具有批判性思维能力的学生。他们需要独立思考,善于发现问题、分析问题、解决问题,并能通过恰当的语言表达出来。这里,我们主要关注批判性思维。

1910年,美国哲学家约翰·杜威首次提出了批判性思维的概念。Ennis给批判性思维的定义是"为决定相信什么或做什么而进行的合理的、反思性的思维"(1985,1996)。1990年Peter Facion在"The Delphi Report"中指出批判性思维是有目标的、自我调整的判断——对事实、概念、方法、标准或情境关系等因素进行诠释、分析、评估、推论以及解释,并做出最终判断。批判性思维可以帮助加强学生理解问题的能力,提高学生表达与说服的能力,培养学生提供证据的能力,促进学生做出最优的决定(个人判断力)(李琳,2013)。

针对我国高校英语教学批判性思维缺乏的现象,许多学者提出了他们自己的探讨。黄源深教授认为外语学习的内在规律使然、教学方法上的偏执以及学习方法不当是思辨缺席的主要原因(1998)。彭青龙进一步提出外语教学目标认定的误导、教学方法的不当以及培养学生口语交际能力尤其是思辨能力和创新能力的口语教材稀缺、知识面窄等方面造成了学生思辨能力的薄弱(2000)。马爽从学校的保守和教师的惰性、文化过滤的作用、中庸思想的影响、功利主义的后果、中式思维的差异等五个方面挖掘更深层次的原因(2018)。

分析成因后,有学者(马爽,2018)提出了对策。综合来看,主要从以下几个方面着手。

首先,学校需要提高认识,将批判性思维能力的提升作为人才培养的目标之一。鼓励学院和教师开设思维训练课程,提倡将思维训练融入日常课程教学中,并提供支持和帮助。

其次,教师需要认识到教学中批判性思维训练的重要性。进行以学生为中心的个性化教育,学习和研究相关理论,结合教学内容,开展思辨性教学和讨论。采取辩论、讨论等多种授课形式,和学生一起进行批判性思维的训练。同时,教师之间也应经常进行相关的教学研讨。

最后,学生需要认识到批判性思维的重要性。在语言学习中,不局限于关注语言技能训练,也要在日常学习生活中,结合课程学习内容,在教师的指引和帮助下,有意识地进行思维训练。

二、思维与导图

批判性思维能力训练需要借助一定的思维工具。

思维导图(mind map),又叫心智导图,是表达发散性思维的有效图形思维工具。其运用图文并重的技巧,把各级主题的关系用相互隶属与相关的层级图表现出来,在主题关键词与图像、颜色等之间建立记忆链接。

思维导图是一种将思维形象化的方法,其寻找科学与艺术、逻辑与想象之间的平衡发展。阿恩海姆认为:"一切知觉中都包含着思维,一切推理中都包含着直觉,一切观测中都包含着创造。"(1998)视觉思维在人类认识活动中是最有效的,其同样具备思维的理性功能,跟一切思维活动有更紧密的联系,所以从"完形"论出发,从视知觉及其同艺术、审美的关系这个角度上分析,再通过大量的知觉实验和艺术实践的事实后,可以认为视觉并不是孤立的活动,心理能力在任何时候都作为一个整体活动着。视觉乃是思维的一种基本媒介,而且视觉思维的知觉特征不仅仅限于直接的知觉范围内,广义的知觉还包括心理意象,以及这些意象同直接的感性把握之间的联系,因而它也就有了一般思维活动的认识功能。具体来说,人类对于动势的判断也不是理性的判断思考得出的结果,而是我们的视觉在接触到图形的一瞬间所产生的知觉判断,并不需要经过特别的加工。而我们人类通过视觉捕捉到的现实事物的轨迹,便在人的心里产生一个意象,而意象是沟通知觉与思维的中介,将表象世界与抽象思维联系起来。总之,这种意象的形成,其实是心灵对感性事物之本质的解释的产物,它不是对物理对象的机械复制,而是对其总体结构特征的积极主动的把握。简而言之,包含意象的视觉艺术乃是视觉思维的故土。

大学英语课堂教学中运用思维导图,能有效将学生的具象思维和抽象思维有机融合。借助具体的形象思维的生动性帮助梳理抽象思维的逻辑性。日常教学中,我比较强调的是批判性思维、逻辑思维和创新思维。

教有所得——思维为本

2019年3月,我教授 GS1X01/1X02/1X03 三个班级的"高级英语"课程。这门课程是大学英语的高阶课程,教学大纲针对这一阶段的听、说、读、写能力进行了详细的说明。

"高级英语"是我校为培养非英语专业毕业生既要有过硬的英语运用能力,也要有扎实的与学生本专业相结合的知识而开设的专门用途英语(ESP)系列课程之一,是为英语水平达到一般要求的非英语专业学生开设的必修课程。

通过本课程的理论教学和写作陈述等实践训练,学生应具有一定的英语听、说、读、写、译能力,以满足毕业后的日常工作和生活所需。此外,对本专业领域的学术材料,应能准确把握主旨和要义,发表见解,表达连贯、得体、顺畅,写作符合相关文体规范和语体要求。具体而言,表现为:(1)对多种话题(包括一般性专业话题和自己所学专业领域的学术话题)的语言材料的理解能力;(2)要点及其逻辑关系的把握能力,对材料观点的分析、评价能力,形成自己观点的能力;(3)能在熟悉的学术或工作交流中参与多种话题的讨论,有效传递信息的能力;(4)书写连贯、得体、流畅,符合相关文体规范和语体要求的学术文章的写作能力。

课程教学中我主要运用思维导图辅助听力、阅读、演讲及讨论等教学实践活动的进行,帮助学生通过思维导图的运用,提升批判性思维能力。

一、思维导图,助力技能提升

1. 听写与复述练习

根据课程要求中对听力能力的培养目标,我运用思维导图这一思维训练工具帮助学生进行听写和口语练习,期望帮助学生听懂与专业知识相关的主题讲座,提高其速记能力以及寻找信息的能力,并能进行主要内容的复述。

选取教材《学术英语(管理)》第三单元 Business Strategy 的课后听写练习的素材,帮助学生进行听写练习。

步骤一:听取全文段落大意(2遍),要求学生记录下关键词句。全班同学一起说出自己听到的单词,我在左侧黑板记录下来。

(由于听力材料有一定难度,全班同学一起汇报听到的单词,能鼓励学生克服害怕错误的情绪,参与任务。同时,也能帮助没有听懂的同学记录一些单词,帮助他们在后续步骤中进行听力练习。)

步骤二:熟悉了黑板上的单词之后,再邀请大家一起听段落大意(1遍),要求学生根据黑板上记录的单词和后面自己听到补充的单词重组段落。给出一定时间让学生结成小组(2人)进行讨论。

(听完4遍段落大意,学生根据黑板上的单词基本上可以重组听写教材的某些重点句子。这里训练的是学生在听写练习过程中的猜词和推测能力。这个能力在听力理解中尤为重要。)

我在听取学生自己组建的段落时,并不急着把完整的句子写下来,而是通过思维导图将他们的句子按照一定逻辑关系勾画出来(如图4-1所示)。同时,要求学生在自己的练习本上也进行同样的操作。思维导图不需要和我的一模一样。

(之所以采用思维导图,而不是将完整的句子记录下来,有两个目的。其一,帮助学生培养速记的习惯,提升速记能力;其二,在接下去的步骤中需要学生根据思维导图进行段落复述,从而和原文进行核对。)

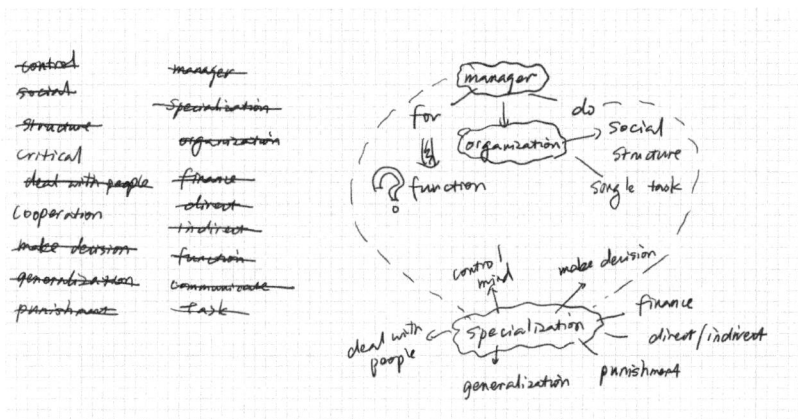

图 4-1　听写猜词,重构全文

步骤三:推测段落大意之后,详听每个句子。这次黑板上通过思维导图记录段落内容(如图4-2所示),强调词句的准确理解,以及段落信息之间的逻辑关系。

(这个步骤根据段落长短和句子数量需要的时间有所不同。因为通过步骤二对段落内容的推测,学生对段落内容较为熟悉。学生听力水平不一致,课堂上很难做到面面俱到。我给没有完全理解和听懂的学生布置了家庭作业。)

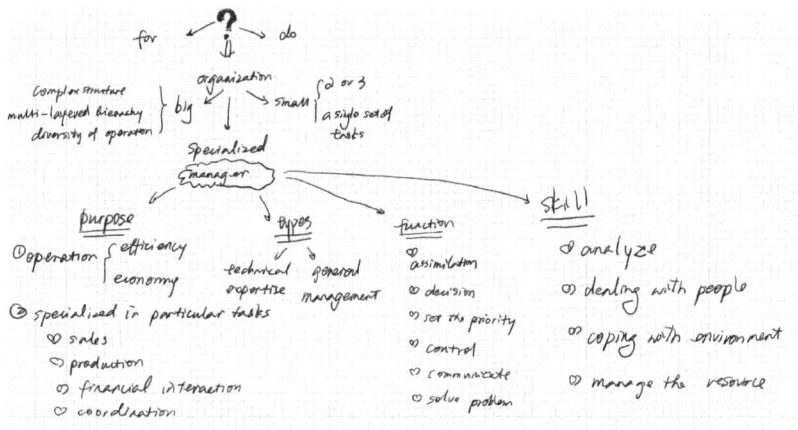

图 4-2　听写全文,导图结构

步骤四：翻看原文听文章，进行核对、修改和补充。这个步骤要求学生大声跟读。

（听写练习需要学生在一段时间内保持高强度的专注力，是比较耗费精力和脑力的。我常跟学生强调，课堂时间的练习只是听写练习范式，重点还是在于课后的坚持练习。）

步骤五：要求学生根据自己所绘制的思维导图进行原文复述。

（听说同行。听写练习给予学生语料输入，再辅以复述，不仅加强段落内容和信息的记忆，也帮助学生理解自己所绘制的思维导图，熟悉自己的速记习惯和思维习惯。同时，帮助学生培训相关主题的口语表达能力。）

在后半学期，我们又进行了两次练习。一次是听写马云在达沃斯论坛上的部分演讲片段（如图4-3所示），一次是进行故事性叙事的框架构建（如图4-4所示）。

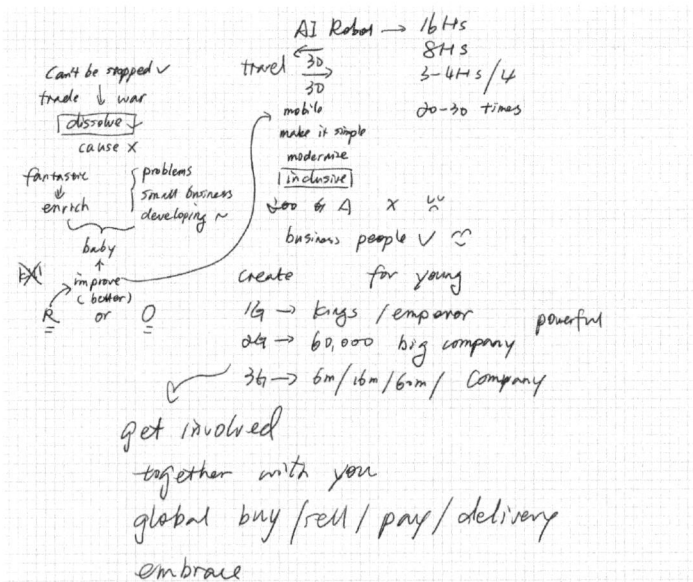

图4-3 马云达沃斯论坛演讲听写导图

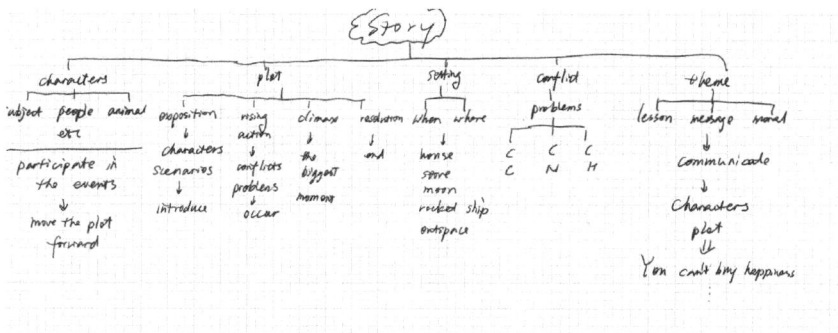

图 4-4 故事性叙述框架

2. 阅读练习

根据课程要求中对阅读能力的培养目标,我运用思维导图这一思维训练工具帮助学生进行阅读理解能力培养,要求能了解专业领域的术语,汲取文章信息,判断材料信息的可靠性和价值,培养评价不同观点的能力,能够基本读懂自己专业方面的综述性文献。

选取教材《学术英语·管理》中课外补充的阅读材料——《如何获取成功》,进行阅读理解训练。

步骤一:要求学生独立阅读文章,并在自己的练习本上绘制简单的思维导图。

(这一步骤注重培养学生独立学习的能力和习惯。阅读需要静心。这个阶段学生绘制的思维导图大多是框架性和提纲性的。)

步骤二:要求学生完善自己的思维导图,将所捕获的有效信息分门别类归于之前的思维导图中。

(细化思维导图的过程是培养学生查找信息,并迅速梳理逻辑关系的能力。这一步骤强调学生对于细节的理解,以及对于文章逻辑关系的准确把握。)

步骤三:小组合作。大家根据自己绘制的思维导图和同组伙伴进行交流,选择其中一幅作为小组合作细化的蓝本(如图4-5所示)。

(根据思维导图绘制的信息和伙伴交流,帮助学生通过阅读获得语料输入,并进行口头表述。)

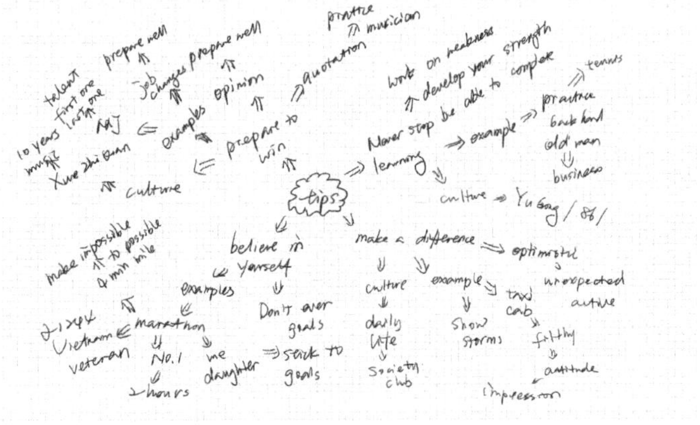

图4-5 课文阅读导图结构

　　在后半学期,我们按照上述步骤又阅读了一篇有关文献综述的写作方法的补充材料。稍有不同的是,这次增加了一个积累表达方式的步骤。这一阅读练习的材料有助于学生进行书面表达能力方面的培养。要求他们能以一个研究论文项目为纲,在完成项目的过程中学会如何规范地撰写学术论文,包括学术规范、文献综述、研究方法、恰当引用、避免抄袭等,能写自己专业论文的英语摘要和文献综述(如图4-6所示)。

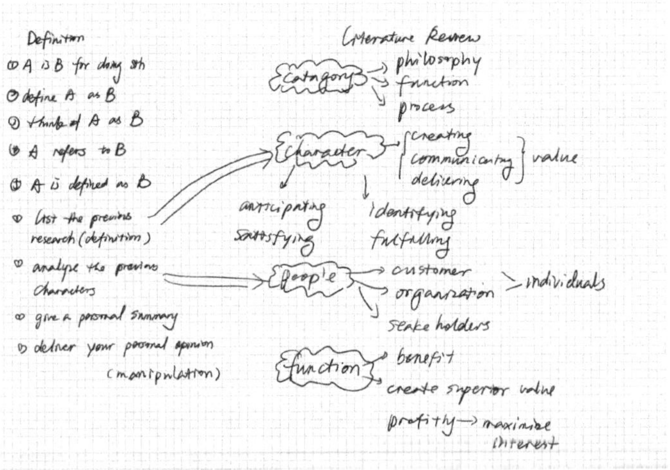

图4-6 文献综述写作方法导图

3. 演讲及讨论练习

根据课程要求中对口语能力的培养目标,我运用思维导图这一思维训练工具帮助培养学生的口语表达能力,要求其能进行与专业知识相关的主题讨论、主题演讲,并提高学术交流能力。

高级英语课的讨论主题与学生专业相关。

步骤一:演讲环节。邀请一个小组的同学根据单元主题,课前准备,课上进行7分钟左右的演讲。

(演讲过程中,其他同学需要对小组演讲进行评分,同时进行提问。评分标准见附录"小组演讲评分标准"。)

步骤二:提问环节。每个小组准备一至两个问题,由演讲小组的同学或者我进行选择。被邀请提问的同学和演讲小组的同学进行即兴的一对一自由问答(如图4-7所示)。

(这个步骤难度最大。原因有三。其一,考查听的能力。对演讲内容的速记和掌握,能帮助学生提出问题,并参与讨论。其二,考查提问的能力。

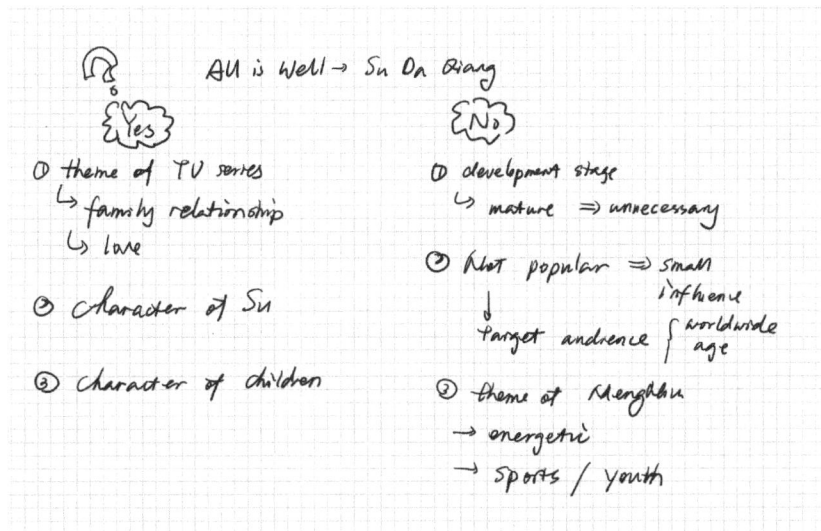

图4-7　课堂讨论结构导图

问题要恰到好处很难,学生往往容易提出过于宽泛的问题。其三,考查现场回答的能力。这需要学生对自己演讲的内容十分熟悉。这个步骤也是最出彩的环节,因为语言和思维碰撞出的火花往往最为灿烂。)

步骤三:点评环节。教师针对演讲、提问和讨论过程中出现的问题和需要改进的地方提出建议。学生做相应的总结。

Q:看到你这个章节几乎全是思维导图,这些都是在课堂上绘制的吗?

我:是的。这个学期我带的是GS1X01/1X02/1X03班的"高级英语"课程。之前的大学英语课程我没有教他们,所以在这个学期的"高级英语"课程中,我强调思维导图作为思维训练工具的重要性。

Q:我看到你几乎把它用在教学的方方面面,包括英语的听、说、读、写的操练。

我:几乎在所有的教学环节中,我都使用了这个工具。

Q:你觉得有效果吗?

我:嗯,有的。学生所做的思维导图不再局限于构图的美观性了。他们会关注细节信息的查找和归纳,会强调信息之间的逻辑关系,在进行口语或者书面表达时也会有意识地采用思维导图进行辅助。

Q:我记得你电脑里还有很多这样的思维导图。

我:嗯,对的。课堂上直接引导学生一起来进行,给他们做示范,是很必要的。学生很聪明,他们通常只要看到范本,就能自己琢磨出绘制的方法和原则。而且我一直跟他们强调,思维导图是工具,信息之间的逻辑关系才是最关键的。如果过于强求构图的美观性,就未免喧宾夺主了。

Q:画得漂亮的思维导图还是比较容易引人注意的吧。

我:当然,有绘画功底会锦上添花。

Q:的确。尽管你的思维导图主要是文字和线条,但我觉得也很美啊。

我:谢谢。你会发觉思维导图是比较个性化的思维辅助工具,极具个人风格。不过思维导图的绘制很费时间,所以态度认真很重要。这也特别容易从图上看出来。

Q:绘制思维导图带给你成就感吧。

我:嗯,应该是如果学生能通过这样的学习,拥有具有一定专业素养的逻辑思维习惯和能力,我会比较有成就感。只是在这一点上目前我还没有找到合适的评价方法。只有当学生自己意识到,并愿意跟我分享时,我才会有满满的成就感和幸福感。

Q:对了,你有给学生介绍一些绘制思维导图的软件吗?

我:学生可聪明了,这个学期交上来的作业里就有好几个是用电脑软件或者手机 App 画的。我个人还是比较习惯手绘,不过我也有新的尝试。

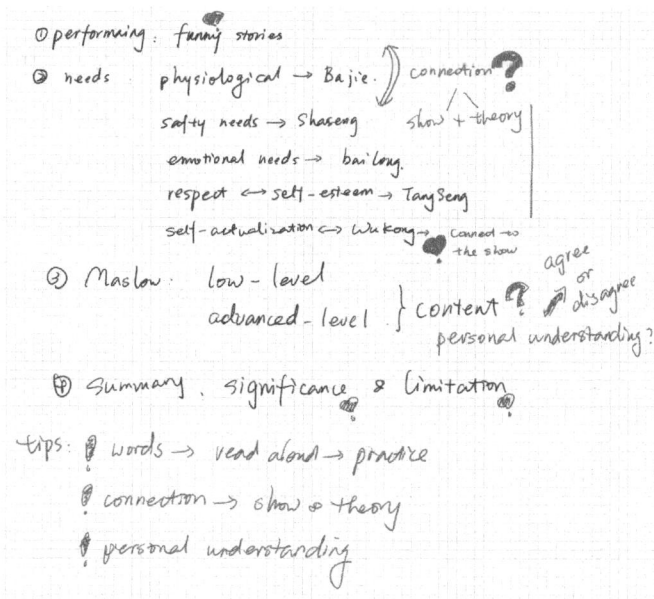

图 4-8　小组演讲结构导图(1)

Q:是什么神秘武器？

我:我用平板电脑绘制。特别是在学生进行演讲等形式的小组活动时，我会在平板电脑上绘制思维导图。在学生进行最后讨论和总结的时候，我会以图片的形式发给他们（如图4-8、图4-9、图4-10所示），这样也方便他们保留。

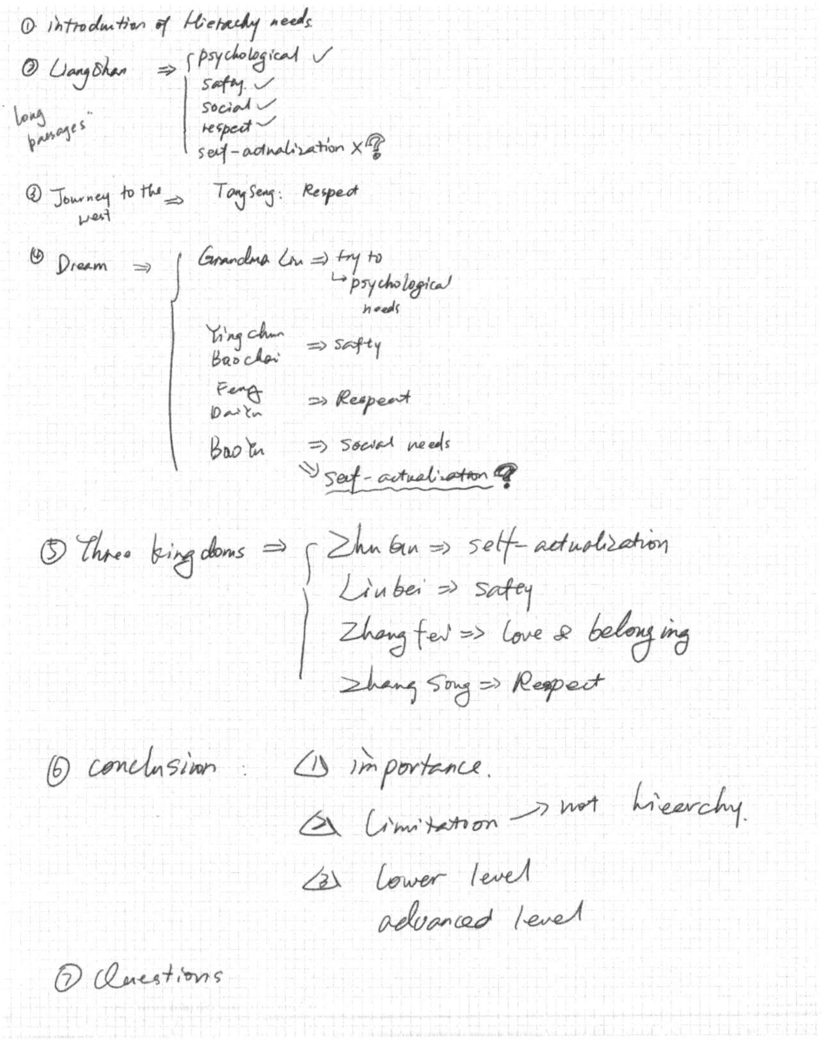

图4-9　小组演讲结构导图(2)

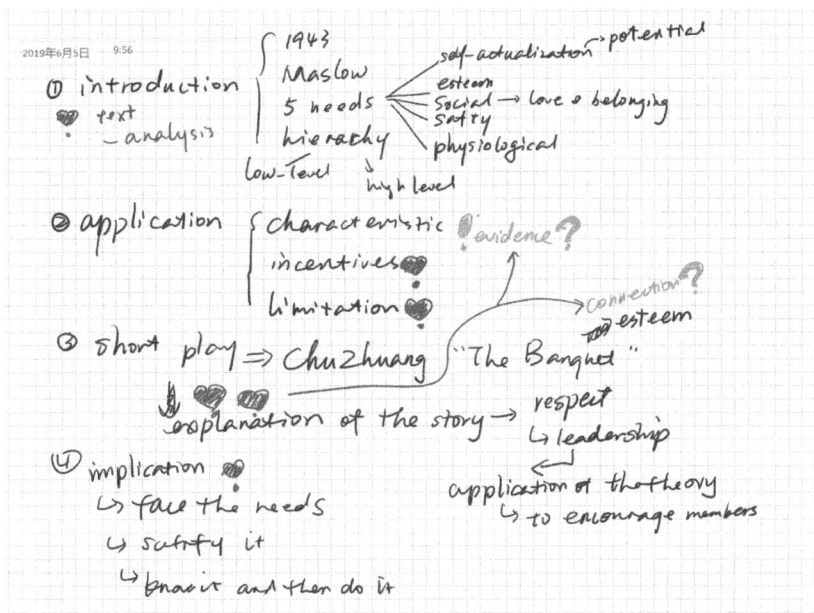

图 4-10　小组演讲结构导图(3)

二、思维训练,助力思维提升

Q:嗯,上文你提到讨论环节是最难但也是最出彩的环节,思维和语言会有怎样的碰撞呢?

我:我给你举个例子吧。最近有一部国产电视剧《都挺好》很火,出现了一个"网红"角色:苏大强。学生在讨论"Promotion(促销)"这一主题时主动结合了这个人物。

Q:"苏大强"怎么会和促销这个主题搭上关系呢?

我:那次课真的给我留下了很深的印象。当时演讲的主题是促销方式。演讲的同学以蒙牛乳业为例进行阐述。提问环节时,我在小组之间走动,对他们提出的问题进行修正。其中有一个小组的同学提了这个问题:蒙牛乳业是否可以邀请当今"网红"角色"苏大强"担当代言人?

Q：这个问题很有意思。

我：的确，这其实是一个非常好的讨论案例。仔细看当时讨论记录所做的思维导图，你会发现学生从蒙牛乳业文化、该企业所处的发展阶段、以往的广告代言人特色、产品特征、竞争对手情况等方面进行讨论。当时赞同和不赞同的两派争论不休啊。让我记忆犹新的是学生当场就编写了一段精彩的广告词，主题是对老人的反哺之情。

Q：我发现你在回顾当时课堂讨论情况的时候，借鉴了前面的思维导图。

我：是的，这就是运用思维导图做记录的好处，要知道好记性不如烂笔头啊。

Q：那你觉得这个精彩的教学瞬间是因为你对他们进行了思维训练吗？

我：基于语言学习的思维训练，在我看来是必要的，但其教学效果不是即时的，我个人觉得应该算是长期目标吧。有意识地进行思维训练能帮助他们在日常学习和生活中有意识地发展一种思维习惯和思维模式。

Q：长期工程啊。

我：我再给你分享一个教学案例吧。看到下面这道讨论案例了吗？

Directions: For this part, you need to answer the questions based on the news below.

"The Detective Conan" movies are a yearly tradition that can either be an amazingly fun ride or just a slightly longer episode of the show, depending on the strength of the story itself. The stories in "Detective Conan" films recently arc a bit of mixed bags. There are plenty of thrilling action scenes that are fun and exciting to watch. However, it feels less like stories of the main series which are famous for the logical reasoning and cleverly organized plots. But the Conan movies are still being seen as the box-office successes. Why are consumers willing to pay the tickets for "The Detective Conan" movies? You may choose one of the following forms to illustrate your personal view with a detailed explanation and enough evidences.

1. Please illustrate your personal understanding of this phenomenon in terms of INFLUENCERS ON CONSUMER BEHAVIOR by drawing a thinking map.

2. Please illustrate your personal understanding of this phenomenon in terms of INFLUENCERS ON CONSUMER BEHAVIOR by writing a short passage. You should write at least 120 words but no more than 180 words.

Q:嗯,大概看懂了。

我:在讨论消费者行为的影响因素时,同样也是在提问环节,有个小组提出了这个问题:柯南的大电影没有延续系列动画片的风格,从强调推理的本格派转为场面宏大的动作大片,但是观众还是愿意为之买单,这是为什么? 要求大家从消费者行为影响因素切入讨论。

Q:感觉不容易回答啊。

我:课堂上我们的讨论非常热烈,正好结合课文内容。课文仔细分析了文化和环境两个大的影响因素,并给出一些例子(如图4-11所示)。你能想象我对这个案例的喜欢程度吗?

Q:看你现在的样子应该是很喜欢吧。

我:我当下就决定把这个案例讨论放入期末考试的开放写作部分。

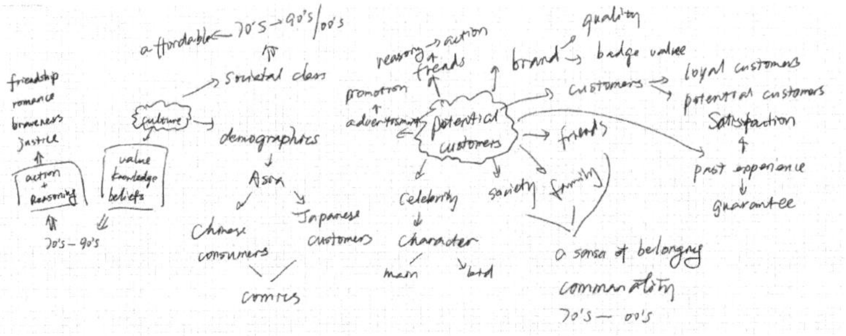

图 4-11 影响消费者行为的案例解析导图

吾之发展——语言思维

语言与思维构成人类所特有的语言思维形式。语言是思维得以实现的工具,是思维存在的形式和表达的形式。思维凭借语言表达、传播、记录、传承。两者相互依存,相互促进。思维训练有助于语言运用能力的提升,而语言运用能力的提升能更好地促进思维的发展(如图 4-12 所示)。

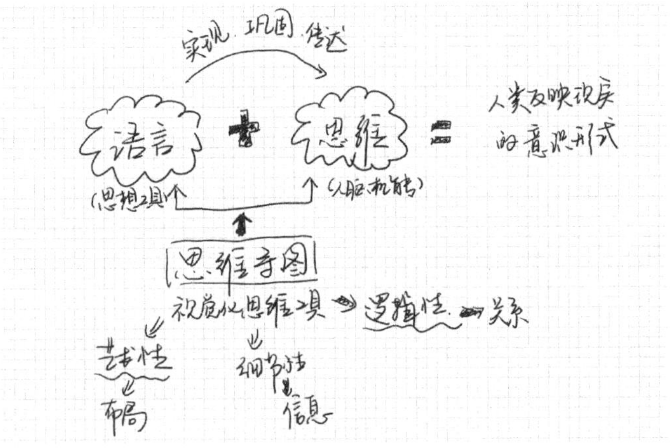

图 4-12 一章小结之思维导图:思维导图的二轴图

人之所以为人,其特别之处在于具有思考能力、思维能力和语言能力。形成思考的态度,培养思考的习惯,掌握思考的方法。与君共勉。

第五章

师之以文：文化自觉性

吾说吾事——文化先行

我：你听说过"中国文化失语征"这个术语吗？

Q：没有，这个词感觉有些陌生。

我："中国文化失语征"在大学生日常英语学习中以及跨文化交际中较为普遍。我们曾经在 2017 级新生期中教学检查时进行了一次问卷调查。其中，关于"希望英语课程开设的主要内容"这一问题，有 50.00% 的学生选择了"英语国家文化类学科的课程"，只有 38.16% 的学生选择了"用英语讲解中国文化类的课程"。关于英语学习的主要动机的调查，40.79% 的学生希望对英语国家有更深入的了解，只有 27.63% 的学生希望帮助别国加深对本国的了解。

Q：这个术语的意思是指失去了对中国文化的兴趣吗？

我：不能这么简单地界定，这只是第一层含义。我曾经跟一个学生沟通过，她喜欢古风的音乐和歌曲，所以我一度以为她在做这个调查问卷时会选择"用英语讲解中国文化类的课程"。结果她属于50.00%中的一员。她是这么解释的,母语文化应该在中国语文课堂上学习,而非在英语课堂上学习。在大学英语课程中,他们更倾向于目标语文化的学习。

Q:这种语言文化观稍显片面。那第二层含义是什么?

我:是学生对中国文化知识的英文表达缺失。学生在课堂讨论发言时,遇到中国特色的词语表述时,往往一筹莫展,不知如何用英语进行表达和交流。思维、内容和语言之间产生断层。

Q:作为老师,可能需要在课堂教学中有意识地补充这方面的知识?

我:尴尬的是,现在很多英语教师由于自身专业素养的需求,对于目标语文化的了解和认知往往较为深入,缺乏对母语文化的深入研究,缺乏两种语言文化之间的对接知识。教师的文化信息素养亟待提升。

Q:好吧,那就老师跟着学生一起学。

我:这个建议不错。学习应该先从中国文化意识的培养开始。

读有所得——温故知新

一、中国文化失语征

"中国文化失语征"在大学生日常英语学习中以及跨文化交际中较为普遍,不容忽视。首先,很多学生认为母语文化应该在中国语文课堂上学习,而非在英语课堂上学习。在大学英语课程中,他们更倾向于目标语文化的学习。其次,学生对中国文化知识的英文表达缺失。学生在课堂讨论发言时,遇到中国特色的词语表述时,往往一筹莫展,不知如何用英语进行表达和交流。思维、内容和语言之间产生断层。同时,英语教师由于自身专业素养的需求,对于目标语文化的了解和认知往往较为深入,缺乏对母语文化的深入研究,缺乏两种语言文化之间的对接知识。同时,在大学英语课程学科培养意识中,缺乏对学生中国文化意识的培养,这也是造成中国文化失语征的主要原因之一。

因此,现阶段如何改善中国文化失语征,培养学生中国文化意识,是作为课堂主导者、改革者的大学英语教师要思考的问题之一。而教师对中国文化意识培养的认知,即教师的文化信念,将直接作用于学生的文化信念,影响学生的学习和发展方向。教师应通过树立自身的文化信念,培养学生的文化信念,讲好中国故事,发扬中国文化,提升国家文化软实力。

二、大学英语教学的文化目标

在社会信息化和文化多样化的发展背景下,大学英语教育毋庸置疑应不忘初心,回归本质。"所谓教育,不过是人对人的主体间灵肉交流活动(尤其是老一代对年轻一代),包括知识内容的传授、生命内涵的领悟、意志行为的规范并通过文化传递功能,将文化遗产交给年轻一代,使他们自由地生成,并启迪其自由天性。"(雅斯贝尔斯,1991)教育部最新的《大学英语教学指南》着重强调大学英语课程"人文性的核心是以人为本,弘扬人的价值,注重人的综合素质培养和全面发展。社会主义核心价值观应有机融入大学英语教学内容"。其教学目标是在致力提高教学质量的基础上,努力实现全人教育。在大学英语课程教学过程中,应"广泛开展理想信念教育,深化中国特色社会主义和中国梦宣传教育,弘扬民族精神和时代精神,加强爱国主义、集体主义、社会主义教育,引导人们树立正确的历史观、民族观、国家观、文化观"(习近平,2017)。

教育具有其社会功能。大学英语课程在帮助学生学习和了解世界优秀的文化和文明的同时,也有助于增强国家语言实力,有效传播中华文化,提升国家软实力。(《大学英语教学指南》,2017)大学英语教育需要"加强中外人文交流,以我为主,兼收并蓄。推进国际传播能力建设,讲好中国故事,展现真实、立体、全面的中国,提高国家文化软实力"(习近平,2017)。

大学英语教学目标是培养学生的英语应用能力,增强跨文化交际意识和交际能力,学生"除了学习、交流先进的科学技术或专业信息之外,还要了解国外的社会与文化,增进对不同文化的理解、对中外文化异同的意识,培养跨文化交际能力"(《大学英语教学指南》,2017)。大学英语课程要充分挖掘自身丰富的人文内涵,实现工具性和人文性的有机统一。

三、语言与文化

语言是文化的一个重要组成部分,反映文化的主要内容,承载文化的传播。语言与文化相互影响,相互制约。大学英语语言学习是一种文化学习。随着教育信息化和全球化的发展,为增加理解,文明互鉴,英语除广泛使用于交流科技、经济等具体知识外,还用于讨论差别迥异的文化实践和价值理念,英语学习中的文化教学应用不同教学方法进行目标语文化、本土文化以及其他国家文化的教授(文秋芳,俞希,2003;文秋芳,2016)。语言和文化的关系理论表明,语言和文化互相依存、不可分割;语言学习不应该纯粹是语言知识本身的掌握,语言学习应该涵盖文化知识内容(邓炎昌,刘润清,1989)。其实语言文化学习不仅仅是目标语文化的输入,也需要母语文化的输入,包括文化导入和文化输出两个方面。这是一个双向交流沟通的文化渠道,每种文化都应该通过语言学习和交流发出属于自己的声音。正如刘润清所提倡的"不仅要让学生懂些西方文化,而且也要懂得本民族文化,二者并重"。

教有所得——文化信念

大学英语课程学习应该在了解和认知目标语文化的基础之上,加强母语文化的学习和输出,重点应该关注如何运用目标语,即用英语来讲述中国故事,传播中国声音。

2018年10月我在2017级FX1X02班上讲授《全新版大学英语综合教程(3)》第一单元的课文。课文主题是"生活方式的改变(Changes in the Way We Live)"。课后我记录了教学日志。

今天的课进行得还比较顺利。通过前面两次课堂教学和网络课程的学习,学生已经完成词汇、句型的积累以及课文内容的梳理,今天的教学形式主要是话题讨论。这是我比较喜欢的形式。我还是采取了视觉化思维的训练方式。首先采用了看图说话的任务形式,要求学生从工作方式、餐饮方式以及娱乐方式三个方面使用文章中已经学习过的表达方式进行看图说话。这是一个导入任务,我安排了一对一的两人组对话。希望通过这个任务帮助学生复习已学知识,再次熟悉课文。

学生M完成了这个任务,她先论述了生活中工作方式、餐饮方式和娱乐方式三个方面发生的变化。她很巧妙地运用了课文中的语句,段落描述逻辑性强、层次分明,说明她对课文内容很熟悉。点评之后,我进一步引导学生思考在这三个方面的生活方式发生改变的原因以及中国的发展现状。

随后我要求学生以口语话题小组为单位进行讨论——"国家的经济发展、繁荣富强的确给我们的生活带来了很多变化,这让我们的自豪之情油然而生。但同时,我们也要冷静思考,从课文提到的这三方面来看,我们自己的生活到底发生了哪些变化?这些变化又带来了哪些问题呢?"这次任务设计的人文性体现在围绕"和谐社会从生活方式的改变开始"这一主题展开,从生活方式的改变切入,引导学生观察生活中的变化(如图5-1所示),引领学生从变化中领悟国家繁荣昌盛、经济发展给家庭生活带来的改变,激发学生的民族自豪感和自信心。同时,关注生活方式改变带来的相关问题,引导学生冷静思考,直面这些问题,并主动寻求解决办法。

这次任务设计和实施应兼具语言的人文性和工具性。我通过提问、小组讨论、陈述报告等方式引导学生进行有关我国国情的文化思考,自主寻找答案。学生通过自己的回答找到民族自豪感和文化自信心。教育应具有文化传递功能,帮助学生学习和了解世界优秀的文化和文明,增强国家语言实力,有效传播中华文化,提升国家文化软实力。

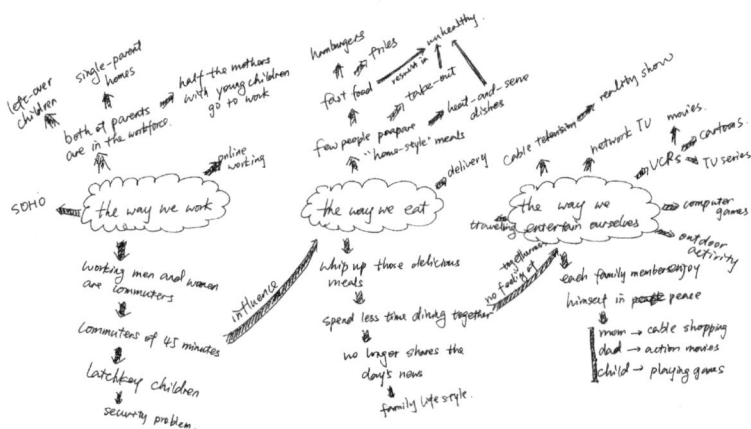

图5-1　课件展示:《生活方式的改变》阅读导图

大学英语教学中师生文化素养的培养不应局限于课堂教学之中,可以适当结合并延伸到课堂教学之外的第二课堂。

在2019年上半年,我校外国语学院组织了"HELLO CHINA"英文大赛,用英文展示出大家对中华优秀传统文化的了解,讲好中国故事。大赛共分为两个环节,第一个环节为中国文化英文知识竞赛,第二个环节为中国文化英文手抄报比赛。我结合当时教授的高级英语和专业英语课程中有关浙商文化的主题讨论,组织全体同学通过思维导图的形式,设计自己小组的文创产品,参与学校的"HELLO CHINA"英文大赛。

步骤一:邀请一个小组的同学在课堂上进行有关浙商和浙商文化主题的分享。

步骤二:小组合作完成中国文化英语知识竞赛。

步骤三:小组讨论拟定自己的文创产品,并根据5P原则,进行设计及营销计划的制订。

步骤四:小组合作,通过思维导图的形式展示自己的文创产品及销售
计划。

步骤一中的小组同学先介绍了几位著名的浙商(如图5-2所示),分别
以不同的漫画形象予以展示,邀请同学们猜测。

图5-2　学生作品展示:浙商与浙商文化

然后,他们介绍了不同风格的领导力(如图5-3所示)。

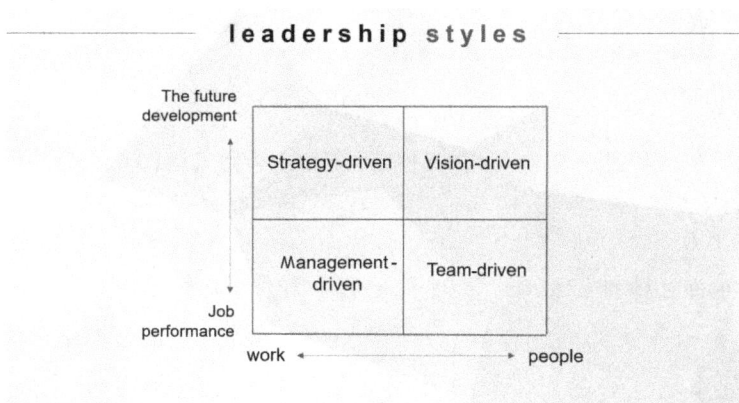

图5-3　学生作品展示:浙商领导力风格(1)

他们着重对比了 strategy-driven 和 vision-driven 两种风格,并在浙商中选出了两位极具代表性的人物,进行了详细介绍(如图5-4、5-5所示)。

Strategy-driven representative

Zhang Yabo, President of Sanhua group, is a second generation entrepreneur with a difference. Although he was an industrialist like his father, his keener strategic vision enabled him to seize the opportunity to succeed.

It is precisely because Zhang Yabo insists on the strategy of leading technology and innovation-driven unwavering that Sanhua group becomes more and more successful in his hands.

图5-4 学生作品展示:浙商领导力风格(2)

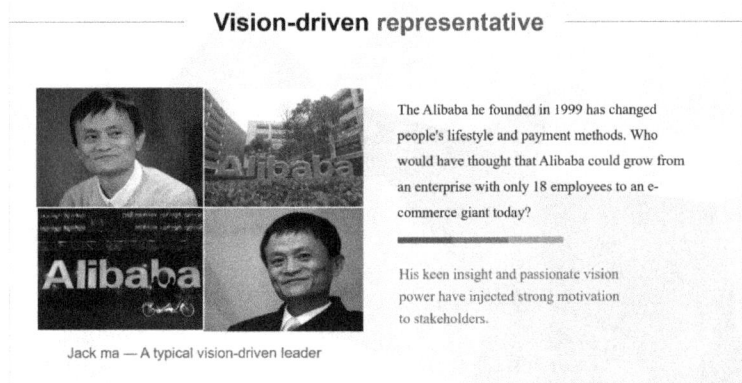

Vision-driven representative

The Alibaba he founded in 1999 has changed people's lifestyle and payment methods. Who would have thought that Alibaba could grow from an enterprise with only 18 employees to an e-commerce giant today?

His keen insight and passionate vision power have injected strong motivation to stakeholders.

Jack ma — A typical vision-driven leader

图5-5 学生作品展示:浙商领导力风格(3)

在听取小组有关浙商不同领导力的介绍后,大家对浙商文化进行了探讨,围绕着浙商精神("四千"精神——千辛万苦、千言万语、千山万水、千方百计),从勤奋务实的创业精神、勇于开拓的开放精神、敢于自我纠正的包容精神、捕捉市场优势的思变精神和恪守承诺的诚信精神等方面进行深入讨论,并结合"HELLO CHINA"英文大赛,思考自己作为"浙小商",如何进行文创产品的设计。

在步骤四中,小组同学合作完成了体现浙江文化和中国文化的文创产品的设计,充分体现了"浙小商"们的创新精神。

他们设计了带有浓厚中国特色的美味小食,如图5-6所示。

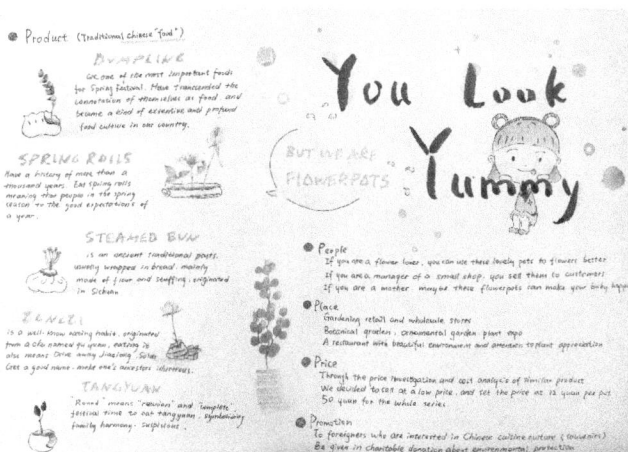

图5-6　带有浓厚中国特色的美味小食设计

设计了带有旗袍风格的笔筒,如图5-7所示。

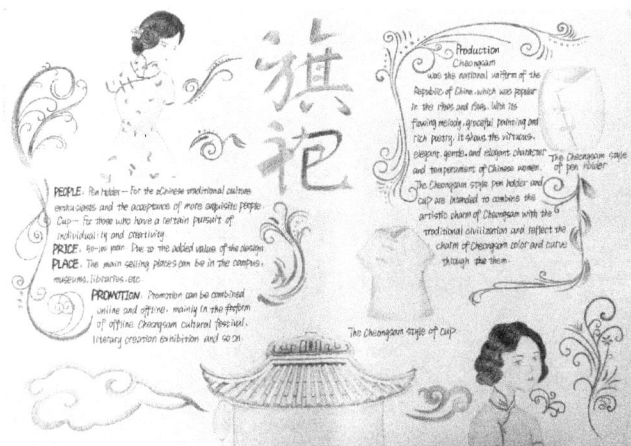

图5-7　带有旗袍风格的笔筒设计

设计了带有学校校徽和校训的杯子,如图5-8所示。

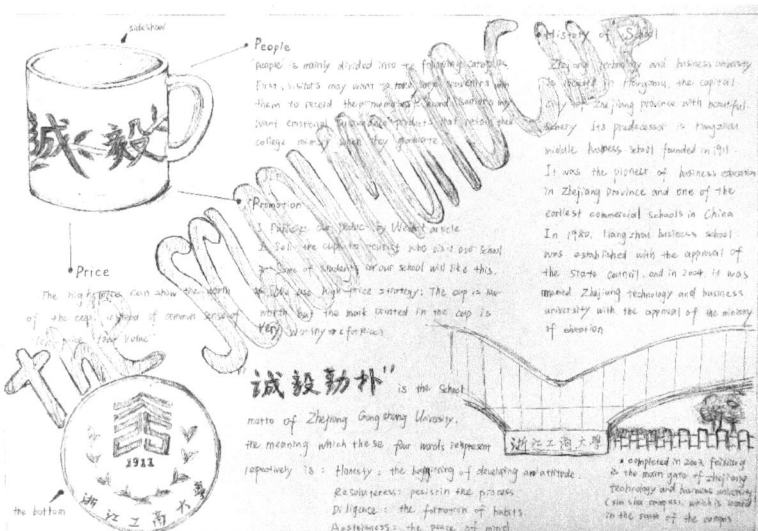

图5-8 带有学校校徽和校训的杯子设计

设计了带有学校校徽和校训的书签,如图5-9所示。

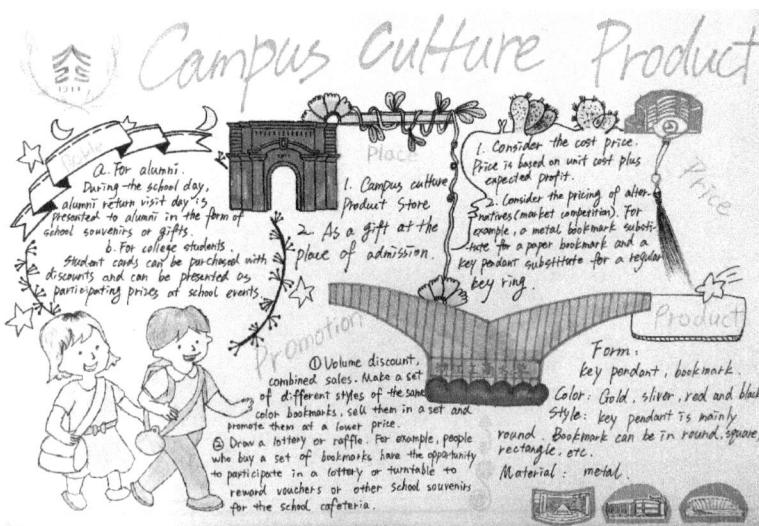

图5-9 带有学校校徽和校训的书签设计

设计了用浙江竹子编制的手链,如图5-10所示。

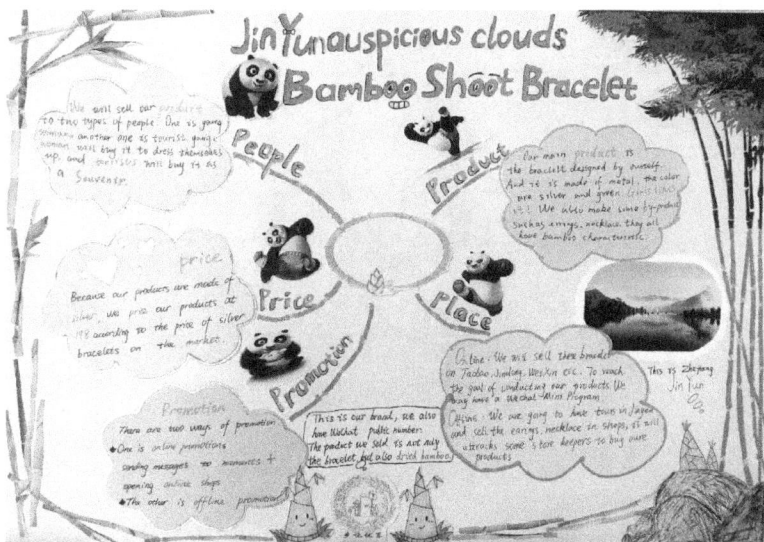

图5-10 用浙江竹子编制的手链设计

设计了可以私人定制的杭州旅游系列明信片,如图5-11所示。

图5-11 可以私人定制的杭州旅游系列明信片设计

设计了带有西湖风景的手机壳,如图5-12所示。

图5-12　带有西湖风景的手机壳设计

设计了带有西湖风景和故事标签的矿泉水(瓶),如图5-13所示。

图5-13　带有西湖风景和故事标签的矿泉水(瓶)设计

设计了有关西湖白娘子和许仙传说的书签，如图5-14所示。

图5-14　有关西湖白娘子和许仙传说的书签设计

设计了基于白蛇传的系列礼品，如图5-15所示。

图5-15　基于白蛇传的系列礼品设计

以参与学校第二课堂活动为契机,结合课程学习内容,设置具体任务。学生通过小组合作方式,一起完成任务,在做中学,做中用,最终以思维导图的形式呈现出作品,形成了一个较为完整的基于中国文化的以英文进行传播的思维、语言、文化相融合的教学任务链。学生在活动中得到语言应用能力、批判性思维能力和文化素养的提升。

吾之发展——文化信念

作为课堂教学的组织者、决策者和实施者,教师在多大程度上接受并贯彻教学改革倡导的新理念,对教学改革具有决定性影响和作用(项茂英,郑新民,邬易平,2016)。教师对英语教学中文化教学的认知体系,是其文化信念,指对影响人们行为和观念的自身文化和其他文化的理解,包括对人类行为的表现和文化模式差异的理解。教师文化信念主要包括教师对教学目标的理解,教师文化素养、文化意识、文化能力及文化教学策略等方面的内容(郭乃照,2014)。

"语言是文化的载体,文化是语言的内容。"(徐平,2013)首先,教师应培养自身文化自觉与文化自信。"文化自觉是指文化主体对其文化有自知之明,明白它的来历、形成过程、所具的特色和它发展的趋向。"(费孝通,2010)在多文明共同生存、共同发展的当今,英语教师更需要正确认识英语教学的工具性和人文性相辅相成的特质,既要了解目标语国家的文化及其发展,也要增进对母语文化的认知,促进不同文明和文化之间的有效理解和沟通。在教学相长的过程中,建立文化自信。在回答如何提高自己的文化教学水平以满足学生文化学习及综合素质提高的需要之前,教师首先必须面对的是树立正确的文化信念。

其次,教师应提高自身的文化素养,树立正确的语言文化观。大学英语教师需要具备丰富而扎实的目标语文化和母语文化。大学英语教师由于自身专业素养和研究方向的限制,往往更了解目标语文化。教师应加强文化意识的培养。由于语言工具性的特征,大学英语教师在课程教学中,容易强调语言知识教学,忽略文化输入,特别是母语文化的输入和输出。大学英语教师不仅要注重培养学生的文化意识,同时也应该加强自身的文化意识培养,鼓励学生学习目标语文化、本国文化以及其他异国文化(文秋芳,2016)。

最后,教师应该努力创新教学方法。教学方法是教师文化信念的具体呈现。结合中西文化的跨文化交际,加强母语文化的导入,"深入挖掘中华优秀传统文化蕴含的思想观念、人文精神、道德规范,结合时代要求继承创新,让中华文化展现出永久魅力和时代风采"(习近平,2017)。教师应利用自身专业知识,适当补充文化资源,将中国优秀的传统文化和当代文化编入大学英语教材或学习素材中,使之系统化,并在课堂教学活动的设计和课程设置中尽可能多地融入世界多元文化的材料。英语教师根据自己的专业素养,可以开设中国文化类的双语课程,在语言测试方面可以适当增加对学生跨文化意识和能力的评估。如图5-16所示。

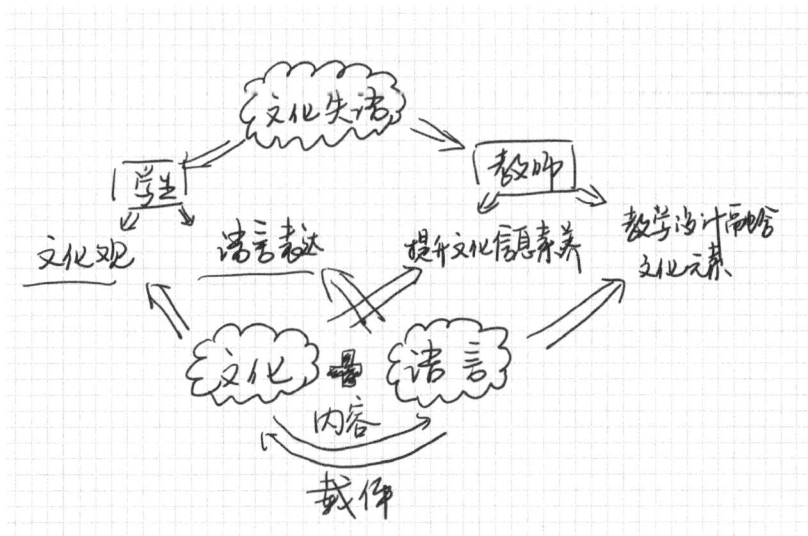

图5-16 一章小结之思维导图:文化与语言

第六章

师之以情：亲师信其道

吾说吾事——鼓掌感谢

2019年5月14日，春末夏初，气温开始爬升，但还未炎热难耐。校园绿树成荫，花儿争艳，正是最美时节。上完课后，我还沉浸在课堂所带来的兴奋之中。回到家，和往常一样，我叫上Q先生一起在小区里散步。

Q：上了一天的课不觉得累吗？感觉你今天很有倾诉的欲望。

我：的确。今天上课的感受可以用"畅快淋漓"四个字来形容。下课的时候，我和全部同学都情不自禁地鼓掌。

Q：真棒。在课堂结束的时候会为老师鼓掌，真是个不错的习惯。

我：不是为我鼓掌，是为我们鼓掌。因为我们彼此的合作才有了今天精彩一课。今年我带的GS1X01、1X02、1X03三个班的学生有一个很好的习惯，他们会在课堂结束时非常真诚地鼓掌。当然，不是每次课都会，那样就成了一种仪式，而是在我们都觉得上了一次特别棒的课后的一种自发行为。正因为这种自发的真挚的情感表达,我才激动不已,久久不能平静。

Q:我知道你对于鼓掌有一种执念。

我:貌似是这样的。其实以前我从未意识到鼓掌这个动作会带给我这么大的力量。你还记得我为什么会如此在意鼓掌这个行为吗?

Q:嗯,跟我们初中的政治老师F有关吧。

我:是啊。几年前一次偶然的机会在报纸上看到了有关F老师的报道,她在CS市的好几个博物馆当志愿者。报道上提到,有一次F老师给一队台湾参观者讲解之后,对方给予非常热烈的掌声以示感谢。F老师非常感动。当时看到这句话时,我突然特别想念她。F老师的政治课真的是让人记忆犹新。她真的可以通过具体事例的分析把理论讲解透彻。但在我的记忆中,我们从未为她鼓过掌。我们真的欠她一次鼓掌。

Q:所以这个学期,你特别在意这个吗?

我:其实,鼓掌这件事情对我来说是这些学生给我的一个惊喜。我记得开学第一次课,应该是2月26日,周二吧。开学季,乍暖还寒时节。当时我还带着开学季的兴奋感走进教室。第一次课是在GS1X01班上的。你知道的,只要进入教室,我就像打了鸡血似的。那次课是"高级英语"的导入课,主要是自我介绍、课程介绍以及课程目标,并通过问答的方式和学生建立一种信任关系。当时我着重强调了基于语言表达的思维训练在"高级英语"这门课中的重要性,并给出了具体的要求。结果课堂结束后,他们主动给我一个大大的惊喜——鼓掌。

Q:鼓掌代表对你的肯定吧。

我:我相信是对课堂的肯定。就像我说的,鼓掌是给我们彼此的。但正是这种肯定,我才能这么多年一直保持教学热情啊。

读有所得——温故知新

2013年我申报了省教育厅课题"管理学视域下星巴克式'伙伴'师生关系建构的教育叙事研究",提出从管理学视域中寻找英语教学的新契机,将语言教学与教学管理有机结合,建立新型的"伙伴"式师生关系。

一、星巴克式"伙伴"师生关系

英语教学从企业借鉴管理经验,首先要了解企业管理的特点及优点。新型的"伙伴"师生关系主要借鉴的是世界知名企业星巴克的优秀管理经验。在阅读星巴克总裁 Howard Schultz 的三本自传中,我对其中提到的"提供完善的工作环境"、"创造互相尊重和信任的工作氛围"和"时刻以高度热忱满足顾客需求"三个要点很感兴趣,将其归纳为尊重文化、信任关系和体验服务三个方面。

1. 尊重文化

Howard Schultz 认为:"雇员不仅是公司的脉搏和灵魂,而且代表着公司的公众形象",员工"不是零部件,他们每一个人都是独立的个体,既需要自我价值的肯定,也需要金钱养家糊口。"(2011:115)"伙伴"这个称呼,不仅体现了星巴克企业管理中对每一个人的尊重,同时还体现了星巴克人的拥有感、信任感和忠诚度。

2. 信任关系

正如"伙伴"这一称呼所体现的领导层对星巴克人的信任一样,星巴克业务的核心有其独特的一面:关系(relationships)。除了供应商和合作伙伴之外,星巴克的核心价值还在于建立客户和员工的"关系"。这种关系的建立,是一种相互信任的外显。

3. 体验服务

星巴克非常理解"第三空间"在现代人生活中的重要性,它提供了一个安全舒适的、具有邻里情谊的聚会场所,并通过每一个和客人在店里相遇的机会与瞬间,创造独一无二的服务与体验价值。Jesper Kunde 在 *Corporate Religion* 一书中指出,在消费者的需求重心由产品转向服务再转向体验的时代,星巴克成功地创立了一种以"星巴克体验"为主旨的"咖啡宗教"。

根据这三个原则,我提出了"伙伴"师生关系不是某种单一类型的师生关系。就其表现形式而言,主要体现为平等型师生关系、管理型师生关系和服务型师生关系。

1)平等型师生关系(即尊重文化)

"平等"是星巴克式"伙伴"师生关系的基础。教师与学生是英语教学共同体的两个主要参与者,应享有基本的平等权利。师生的相互尊重是平等关系的主要表现。在英语教学过程中,平等的交往、对话、合作和沟通是一个相互沟通、相互认识和相互理解的动态过程。

2)管理型师生关系(即信任关系)

"管理"是"伙伴"师生关系的保障手段。"有限度的共同管理"改变了师生角色。教师有限放权,学生适度参与。学生在学习过程中也要学会自我有效管理和小组合作管理,这也是自主学习和合作学习的重要组成部分。信任是管理型师生关系的主要特色。

3)服务型师生关系(即体验服务)

"服务"是"伙伴"师生关系新的表现形式。体验是服务型师生关系的重点,创造有体验氛围的课堂文化,如同英语教学上的"第三空间",教师带领学生,在体验中体会到英语的重要性、舒适度和美感。当他们亲身体验了这门语言的魅力,了解了这个知识性的服务产品,会有更强的动力去亲近这门语言。

"平等""管理""服务"是星巴克式"伙伴"师生关系的三个关键词。

二、星巴克式"伙伴"师生关系的有机构建

从管理学视域出发,学习星巴克企业的员工培养机制。基于"伙伴"概念,星巴克独特的企业文化——尊重文化、信任关系和体验服务,正好与教师信念理论中对教师、学生和教学过程三个方面的认知相契合(如图6-1所示)。

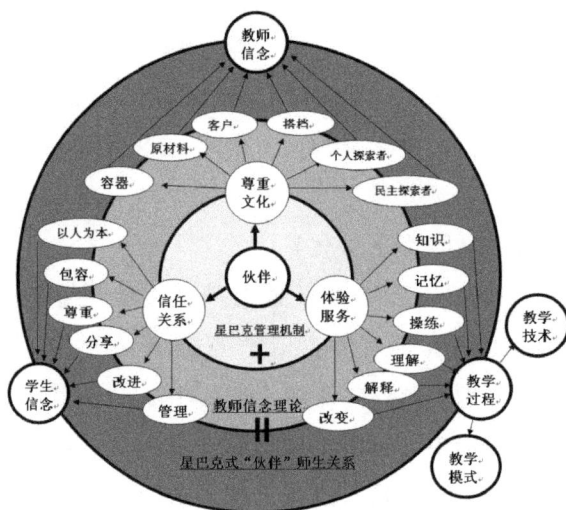

图6-1 星巴克式"伙伴"师生关系

星巴克式"伙伴"师生关系包括以下几个方面:

(1)一个"核心"——"伙伴"是星巴克式"伙伴"师生关系中的唯一核心。"伙伴"源于具有星巴克文化的人力资源理念,体现了"尊重文化""信任关系""体验服务"的概念,对于高校英语师生关系的构建有着独特的借鉴意义,两者都是在"交流"的前提下,建立一个和谐的伙伴关系,从而实现效益最大化。

(2)一个"等式"——"星巴克管理机制"+"教师信念理论"=星巴克式"伙伴"师生关系。具体表现为三条理论支线。其一,星巴克管理机制中的"尊重文化",在高校英语教学中具体表现为教师对学生角色的理解,包括

"容器""原材料""客户""搭档""个人探索者""民主探索者"等,这些认知组成了教师信念的主要内容,具体表现为平等型师生关系。其二,星巴克管理机制中的"信任关系",具体表现为学生对教师的角色定位——"包容""尊重""分享""改进""管理",这些认知组成了学生信念的主要内容,具体表现为管理型师生关系。其三,"体验服务"具体表现为师生对教学过程的理解为"知识""记忆""操练""理解""解释""改变"的过程,这些认知组成了师生对于教学过程认知的主要内容,可以从教学模式和教学技术的两个方面来了解,具体表现为服务型师生关系。

(3)四个"因素"——从上面等式的扩展理解来看,在星巴克式"伙伴"关系中,包含四个因素,分别是"教师信念""学生信念""教学模式""教学技术"。教师信念和学生信念属于师生关系的内在因素,在图6-1中,位于关系圈之上,直接影响师生关系;教学模式和教学技术属于外在因素,在图6-1中位于关系圈外,间接通过教学过程影响师生关系。内因、外因均在某个层面制约和影响着师生关系的建构与发展。

思有所得——亲师信道

一、敢为人师·缘起喜爱

在正式担任大学英语教师之前,我曾有过两门课程的教学经历。第一门是给成人教育的英语专业学生教授"大学英语口语",第二门是给成人教育的电子专业学生教授"大学英语"。第一次走上讲台的场景已模糊,但当时的心情和感觉至今还记忆犹新。上"大学英语口语"的学生所在的教室方方正正,两个门位于教室后方。要走上讲台,必须先经过学生的课桌。走进教室前,由于对学生一无所知,我内心忐忑不安。但推开教室门,走入教室的一刹那,看到学生们在教室里随意地坐着聊天,脸上却满是期待的新奇表情,我明白了一个简单的道理:由于对老师一无所知,学生同样忐忑不安。

那堂课也是他们作为大学生的第一次课堂学习。作为一个新手教师,我带着极大的兴奋感走上了讲台,"紧张"这个词不知道什么时候已经被抛诸脑后。这样的开学体验在每次带新生的时候我都会再次经历。教室的那扇门似乎有着神奇的魔力,能让开学的恐惧瞬间消失。同样,在接下来的学期里,那扇门也总是能让我迅速地进入上课的状态。

最初承担教学任务的时候,我并没有接受过相关教学理论的培训。课堂教学的设计源于我自身学习语言的体验和经验。课前,我关注教材的理解和解析,专注课堂活动的设计,希望通过激发学生的兴趣,让他们认识课本的重要,体会到语言的魅力。课上,我强调语言知识的累积和实践,希望通过自己的解释帮助他们理解、积累知识;通过活动的设计,帮助他们练习语言技能。课后,我注重知识的复习,通过不同形式的习题练习帮助学生巩固所学的知识。

认识到英语学习本身的工具性,我比较强调学生对于语言的使用。一方面,我通过组织学生参与课堂活动,帮助学生进行语言知识的操练。课堂上有趣而生动的互动氛围深深吸引着我和我的学生。我很喜欢和学生在课堂上聊天。我们年龄接近,共同的生活话题和相似的兴趣爱好促进我们彼此之间良好的沟通。我们成为好朋友,其中有些学生到现在还与我保持着联系。课堂上互动教学带来的满足感和幸福感在一定程度上帮助我找到了日后课堂教学设计的关注点——通过课堂教学活动的设计和师生的共同参与,促进良好的师生关系的建立,从而帮助学生提升语言水平。

另一方面,我带领学生走出课堂,到教室外进行实践练习。走出教室的这个习惯我一直保留到现在。条件允许的前提下,每个学期我一定会有一次带学生走出教室的课外教学活动。

还记得第一次带领学生走出教室到 YL 景区进行课外教学时发生的一个小插曲。因为 HN 大学地处 YL 山区,大学生可以享受免景区门票的福利,但需要携带学生证。当时我们整个班级一起行进在 YL 山脚下的入口处,有个别同学忘记带自己的学生证了。我尝试着和守门人进行沟通,告知对方我们正在进行大学英语的课外教学。

　　我:您好,我是学校的英语老师。今天带队到景区里进行课外英语教学。大部分的学生都带了学生证,只是有个别学生忘记了,不过大家都是一个班级的,所以,不知道能否放行?

　　守门人:不行。必须有学生证才可以。你是老师吗?(守门人质疑地望着我)

　　我:是的。这是我的证件,现在还不是正式教师,所以没有教师证。

　　守门人:那也不行。现在的大学生为了逃票,还来假装老师。

　　我:不好意思,真的不是为了逃票假装老师。您看,这里20多个学生都有学生证,也可以根据他们的学生证找到学院负责人。如果是谎言,您一个电话就戳穿了。

　　学生A:谁装老师了,她就是我们的英语老师。别看她和我们年龄相仿,她是年轻的新老师,今年第一年带学生。

　　学生B:你不要欺负老师年轻,吵架吵不过你。

　　学生C:二十几张学生证都是同一个班级的,给你看课表好了,现在就是英语课时间。

　　我:大家都别吵了,我们真的只是进行课外教学,麻烦您了。

　　…………

　　学生们开始七嘴八舌地帮我说话。不知什么原因,守门人突然对其中一个男生恶言相向,两个人激烈地争吵起来。我从未经历过这样的场面,顿时呆住。我是一个极其害怕冲突的人,内心惶恐极了,可是教师的身份让我不得不直面。平时讲台上口若悬河的我突然张口结舌,茫然不知所措。这时,我的学生站了出来,力证我是老师(当时不是正式教师,因此没有教师证),而此次外出是进行大学英语的课外教学活动。

　　现在我完全不记得当时我们是如何通过守门人的认可进入景区的,只记得后来的课外教学给大家都留下了快乐的印象。但直到现在,我还会常常幻想回到那个场景，希望自己当时能说一句："请不要辱骂我的学生。如果他说的话有不合适的地方，请您原谅，向您道歉。但也请您尊重我的学生。"这句在当时没有说出口的话，一直影响着我在教学中和学生的相处。我希望自己更勇敢，希望能有机会弥补当时的怯弱，希望自己是一个能尽可能维护学生权益和保护学生的老师。这个插曲对我日后对师生关系构建的感性认识奠定了基础。

虽然我并不是一个很强势的老师，也和学生保持着朋友型的师生关系，但我此时依然是教室里掌握着话语权的那个。

二、善为人师·在于沟通

惟以改过为能，不以无过为贵。

——《资治通鉴·唐纪》

2001年9月，我正式成为一名大学英语教师。4个任课班级，每周16课时的教学任务并没有让刚刚走上教学岗位的我感到为难。相反，兴奋感是超过疲倦感的。教学上的专心投入使我很快得到了学生的喜爱，和学生的相处也是极为愉悦的。但到了第三个学期临近期末时，我发现其中XX01班部分男生的学习状态出现了问题。第一学年的时候，这个班级的男生的课堂活动和课堂学习参与度及配合度都很高，课堂互动活跃，课堂活动完成度高。所以当我发现男生的学习状态有些变化的时候，我先采取了远距离观察，并希望通过寻找和设计适合学生参与以及他们可能有兴趣的话题和课堂活动吸引他们的关注，但收效甚微。转眼到了元旦，我收到班委的邀请，参加他们班的元旦晚会，我心里特别开心。这是我作为老师第一次收到学生邀请参与班级活动。可以看看课堂外的他们，我觉得颇有新鲜感。我到学校礼堂时，活动已经开始了。

在晚会上我见到了他们的辅导员。除了分享新年和学生在一起的快乐之外,我跟她提及了班上男生最近的学习状态,希望她能在课外帮助督促学生。在这个时候,我仍没有想到学生的变化和我有关,更多的是猜测他们生活中发生了什么事情。

我:XX01班的学生很可爱,上课也特别认真,课堂活动参与度好,完成度高。真的很喜欢他们。

辅导员:是的,这个班级的学生总体而言学风比较好。他们大多数都很喜欢你。

我:谢谢。能从其他老师那里听到对自己的肯定,蛮开心的。对了,最近有个现象想和你沟通一下,希望能得到你的帮助。

辅导员:当然可以。是什么事情呢?

我:最近班上部分男生的课堂参与度有所下降。之前课堂上的问答也好,活动参与也好,都很积极。最近几次的课堂问答,感觉沟通不是很通畅,有种不配合的感觉,似乎有情绪。

辅导员:嗯,这个问题我……(辅导员停顿了一下,似乎在寻找合适的措辞。)

我:是有什么事情发生吗?(我有些不好的感觉。)

辅导员:嗯,是这样的。有同学跟我反映,觉得英语课活动的评价不太公平。

我:哦?(我感到十分惊讶,这是我第一次意识到学生最近的状态其实是跟英语课堂活动的操作有关。)是怎样的不公平呢?学生有跟你具体说明吗?

辅导员:您课堂上是不是进行过词汇记忆比赛?

我努力回想课堂上词汇记忆比赛的场景。因为第三学期他们需要参加大学英语六级的考试,所以我在课堂上设计了一个即兴的单词记忆比赛活动。需要小组成员配合,一起合作记忆单词。之所以进行小组PK,是为了避免学生个体间的差异导致的成绩差异,同时也希望增强学生的团队合作意识。最终获胜的小组可以获得一定比例的平时成绩加分。

辅导员继续说道：有同学觉得这样的活动本身挺有趣，也能激发他们记忆单词的动力。但对于获胜的小组可以获得平时分的做法有看法。几轮比赛下来，男生小组发现基本上获得优胜的都是女生组。女生本来词汇基础就好，加上喜欢背单词，这个活动对她们没什么挑战性。男生不一样，词汇基础不够，但他们很努力，也希望老师看到他们的努力和付出，而不是仅仅以结果为导向。

我：谢谢你直言相告，这个消息对我来说太宝贵了。我一直都在想方设法弄清楚学习配合度变化的缘由，也从未从自己身上寻找问题，还在考虑是否是学生在生活中遇到了什么事情，所以才希望你们学院能给予支持。我回去好好回忆一下自己活动设计和实施的过程，关注一下评价的公平性和过程性的问题。

我清楚地记得这段对话进行的时候，舞台上学生们正在表演街舞。这是我最喜爱的节目之一。其中一位男生(学生N)在第一学期的课堂讨论中就曾经提到过对街舞的喜爱。他说高中学习任务紧迫，一直没有机会好好学习街舞，所以决定进入大学后认真学习。我告诉他们我也很喜欢看街舞，也幻想过自己能那么潇洒自如地让身体随音乐舞蹈。不同的是，他付诸行动，真的开始认真学习和练习街舞，而我只停留在内心羡慕的层面，从未行动。我一方面很羡慕他们可以在舞台上那么自信地舞蹈，一方面也为自己没有行动力而羞愧。而和辅导员的对话之后，我已从热闹的街舞表演中脱离了出来，陷入了深深的思索。

原来，我感受到的学生态度的变化是对的，只是我习惯了从学生身上去寻找问题的答案，努力寻找他们生活中是否遭遇到了事情，从而影响了英语学习。我天真地以为这样才是换位思考。原来，真正站在学生的角度去思考，更多地应该是就事论事。为什么对课堂学习学生从配合变为不配合？首先应该思考在课堂这个教

学环境中是否有关键性事件发生,然后思考这个事件是否与结果
有关,最后寻求解决的方案。和辅导员的谈话让我恍然大悟,原来
事情的缘由在于我并不那么恰当地使用了分数这个法宝。评价制
度的使用不当,不仅不能给予学生正面的鼓励,反而会挫伤他们的
积极性。既然知道了事情的原委,我应该和这几个男生好好聊聊。
毕竟我只知道事情的大概,并不清楚细节。不过,不能占用课堂时
间,那么就课后约他们面聊吧。

工作之初,我住在学校教师宿舍楼,就在校园里,和学生约谈也比较方
便。每周有一个下午的两个小时,是我和学生进行课后聊天的 OFFICE
TIME。通常学生可以根据自己的需求带着疑问或者他们感兴趣的话题来
找我。这次,我主动找到了那位喜欢跳街舞的男生。

　　我:N,今天下午咱们的 OFFICE TIME 先聊聊你最近感兴趣的
话题吧。
　　学生N:嗯,我最近学习街舞时有一些新的动作,发现很有难
度。之前没有基础,身体素质还不够。同时,我发现练习街舞虽然
占用了我的课后时间,也耗费了一些精力,但并没有影响我的学习。
　　……(针对他所提到的课后活动和学习活动之间的时间管理
的问题我们聊了一会儿。)
　　我:嗯,N,刚提到英语六级考试的备考问题,你觉得最基础的
备考环节是什么呢?
　　学生N:词汇吧。感觉每天都得背诵单词,但经常会忘记。
　　我:那你觉得课堂上组织的词汇记忆比赛有帮助吗?
　　学生N:当然有了,不过主要是刺激我们多去记忆吧。
　　我:可是最近我发现了一个现象,犹豫了很久,今天还是想和
你聊聊。
　　学生N:好啊,什么现象。

我：我记得最开始的几次课堂上的词汇记忆比赛，男生参与度很高，积极性也不错，虽然最终没有拿到最高分和奖励，但在课堂上的表现还是很开心的。

学生 N：是吧……（他好像有不同想法，但并没有直接说出来。）

我：不过后来几次，我发现有几个男生小组好像突然失去了兴趣，不再主动参与，而且被我点名参与时，配合度也不是很高。感觉很大程度上是给我面子才勉强参与的。你有这种感觉吗？

学生 N：男生本身对这种机械记忆类的事情就不是很感兴趣吧。

我：所以才引入了竞争机制，希望能增加大家的参与度。是不是活动操作过程中出现了什么问题，我没有注意到，但大家并不太能接受的呢？

学生 N：嗯，可能是拿了最高分的小组可以多拿平时分吧。通常都是女生拿最高分，她们比较擅长。会稍微有点儿不公平，觉得你对女生偏心吧。不过，我自己倒是无所谓。可能有些同学会比较在意，毕竟涉及分数。男生的语言学习是弱项。

我：这的确是我没有想到的地方。本来想用分数刺激一下大家的竞争意识，没有想到会被认为是对女生偏心。你有什么好办法能帮我缓和一下他们的情绪吗？毕竟你们是同学，可能彼此之间更了解。

学生 N：这可难倒我了，顺其自然吧。这个活动的分数本身并不是特别多，其实对期末成绩不会有特别大的影响。

我：不过，如果大家觉得我偏心女生，这件事情还是很有可能会影响后面的课堂活动。坦白说，不同课堂活动的设计可能会适合不同性格的学生，倒不一定是男生和女生的区别。不过，之后我会注意在设计活动的时候，多考虑你们的学习特点，而不是局限在提升兴趣和刺激学习动机上。

学生 N:谢谢 Ann,能这样当然更好了。大家既可以积极参与活动,也能有所收获。也谢谢你会关注到同学们的情绪变化。

在结束和学生 N 的谈话后,我还找了其他几位同学聊天。大家的反应比较相似。首先,他们没有想到我会发现同学们态度的变化;其次,他们没有想到我会直接跟他们进行沟通,希望解决这个问题;再次,他们没有想到我会承认自己设计课堂活动时考虑不周,并尊重他们的意愿对之后的课堂活动进行调整。经过这个事件,学生对我产生了情感上的认可,对后来的教学产生了积极的影响。

同样,这件事情对我也产生了很大的影响。我了解到直接沟通在师生关系经营上的重要性。在每次接触新同学的时候我都会告诉他们,英语学习的过程中遇到什么问题,特别是教学上对老师或者同学的某些做法不是很理解的时候,一定要记得跟老师直接沟通,Ann 的课堂欢迎任何问题、质疑和建议。另外,我也意识到自己在成为一名合格乃至优秀老师的路途上还有很多需要学习的地方:课堂活动的设计和评价制度的实施等教育知识是我迫切需要学习的。再者,从学生的角度进行换位思考,说明教学的中心应该是学生。真正做到以学生为中心,才有可能实现真正意义上的换位思考。

三、学为人师·有限放手

2014年,我遭遇到教学改革过程中的第一次滑铁卢。2013级学生 P 来找我时的场景历历在目,当时的惊讶、诧异和尴尬仍让我记忆深刻。2014年秋季,2013级学生进入了第三学期的学习,这是他们大学英语学习的最后一个学期。经历了前两个学期的语言能力培养和思维训练,我把这个学期教学设计的重点放在了语言的自主学习和管理层面。课堂上较多地组织学生用英文进行无领导小组讨论,期望学生通过自我组织教学讨论,提高他们的参与意识,以及通过合作的形式丰富学习讨论的内容。这个教学目标实施不易,我感觉到教学实施过程中学生有些不适应。但我告诉自己和学生,这是磨合期,需要我们有一定的耐心和包容心。但一个深秋的下午,一段对话打破了平静。

学生P:老师,我想申请英语课免听。我会按时完成线上作业、课后作业,同时自主安排英语学习。

我:嗯,这是第一次有学生跟我提出免听。我能了解一下具体原因吗?

学生P:嗯……(他在努力思考自己的措辞。)

我:没关系,你怎么想的怎么说好了。我相信,在你提出这个要求之前,一定是进行了思想斗争的吧。

学生P:首先声明,我不是针对你个人的。你的教学热情和教学能力我还是很认可的,特别是前两个学期的教学都可以证明。

我:谢谢。那……问题是这个学期?

学生P:坦白说吧,我接受不了这个学期的英语课堂教学方式。

我:具体而言是……

学生P:课堂上总是进行小组讨论,但我们的学习任务很重,很难做充分的课前准备,课上的讨论不仅流于形式,还学不到东西,挺无聊的。

我第一次听到学生对自己的教学设计如此直接的负面评价,内心一时间有些难以接受。但忠言逆耳利于行,我非常感谢这个学生的直接,逼迫我直面教学中存在的问题。毕竟我自己也感觉到了教学实施过程中的不顺畅。

我强压着自己的沮丧,仍用平静的语气询问:小组讨论中有遇到什么难以解决的问题吗?

学生P:也不是遇到很难的问题,就是觉得这样无准备的讨论不像英语课。我们几个人的英语口语水平都不行,像这样讨论起来谁也帮不了谁。

我:那如果我将你们小组分开,分别归到别的小组,或者你调到其他小组呢?

学生P:还是不要吧。这个是我自己的感受,不能代表我们小组的其他人,他们不见得想分开。我自己到别的小组的话,一是临时插入不适应,何况期末还要考试。二是我们小组成员会误解,以为我对他们有意见。

我:嗯,这样操作的确欠考虑。或者从做好小组讨论的预习准备开始呢?尝试一次做好课前预习的讨论,也许会有所改善?

学生P:……我还是不太适应这种形式,和以前的英语课太不一样了,特别是高中的。

我:尝试从自己开始做一些改变,同时也帮助小组同学一起改变和适应,好吗?

学生P:我尝试过,就是觉得不行,才和你提出来。我还是想课堂免听。

我:那期末的口语考试呢?还是以小组形式出现的。

学生P:口语考试我会参加的,也会和小组成员一起复习准备的,您放心,我不会放弃英语这门课程的。

经过几个回合的对话,我同意了他的课堂免听请求,提出了其他的替代方案,要求他按时并保质保量完成课后作业以及网络平台的练习,完成个人作文5篇,同时将英语六级复习的内容和练习发给我检查。

这次对话对我的打击很大,当时整个课堂教学改革处于最艰难的尝试阶段。后来,学生P的室友学生A也来跟我申请课堂免听。这次我的态度是分享我这种教学理念和教学改革的理由和初衷,希望他仍然坚持参与课堂教学,更欢迎他参与到自己感兴趣的课堂主题讨论中。虽然在谈话后,学生A未必认同我的教学理念,但他仍坚持参与了课堂教学,并在后来的课程中参与了他感兴趣的话题讨论,这让我十分感动。我知道,在理念不认同的前提下,学生 A 出于对老师的尊重,坚持履行了我们谈话后达成的协议,对于他来说有多难,同时,这份师生情谊对我而言有多重。2013 级毕业聚餐的时候,学生 P 和学生 A 专程来和我告别。学生 P 十分感谢当年我对他的包容,并没有因为他提出课堂免听而故意降低他的平时成绩。其实,我很感激这个学生,因为他的直白让我不得不直面和思考改革中存在的问题。

四、善为人师·认可共鸣

情感的付出是双向的。只有付出对对方的喜爱,才会收获来自对方的喜爱。教师经常会对学生表示赞赏和鼓励,对于喜爱却较为吝啬。究其原因,喜爱是一种过于主观的情绪。如果在课堂这个公共场合中对少数学生表达了喜爱,会有不公平之嫌,容易引起其他学生的不必要的比较。但其实不然。表达喜爱和表达鼓励与赞赏一样,关注学生的某个行为,而不是仅仅表达对学生个人的喜爱,会更为客观。同时,表达喜爱的方式很多,语言是最为直接的方式之一。除了语言之外,我常常会用击掌和拥抱来表达自己的喜爱。记得很多学生第一次和我击掌或者拥抱时的表情,惊讶过后是开心。这种身体语言比语言本身更有力,能让学生亲身感受到你的真心。

第一次和新学生见面,我都会依据惯例做自我介绍。

2017 年 10 月 10 日,新生结束了为期两周的军训,开始大学里的第一次英语课。天气晴朗,阳光耀眼,不如炎夏那般灼热。一楼教室窗外的藤蔓葱绿欲滴。我走进了新生 CK1X01 的教室。和以前迎接每一届新生一样,走进教室前,我还有些许忐忑。这些学生都是"90 后",会和之前的学生有什么不一样的特征呢? 只能拭目以待。走进教室,看到教室里从第一排开始就坐满了学生,桌上摆好了本学期要用的教材《全新版大学英语综合教程(2)》。大家三三两两地坐在一起,小声地聊着。看来经过两周军训,他们彼此都熟悉了。我微笑着慢慢走进教室,把多媒体教室的工具盒以及自己背着的大书包放在了电脑桌上。走进教室时,我一直看着班上的同学。有些学生会很大方地对我一笑,也有些学生会迅速地移开眼神,似乎不太好意思。我听到学生中有人窃窃私语。

　　学生A:咦,我还以为英语老师是男的呢。这名字……
　　学生B:嗯,没想到啊。不过,这年头不能通过名字来判断性别。
　　…………

我一时觉得有趣,决定课前和他们就这个话题聊聊,也算是缓解一下彼此的陌生感。

　　我:的确不能通过名字来判断啊。你们有多少人期盼走进教室的是个帅帅的男老师?
　　学生们嬉笑起来,好像没之前那么谨小慎微了。有些学生还举手回应我。我笑着用手点了点这些学生,用开玩笑的方式表达了我的感谢。
　　我:记得给2015级你们的学长上课前,我快走到教室时,迎面走来两个女生,手里拿着水杯去开水房打水。正好擦肩而过,我听到她们的对话。一个女生对她的朋友说"这个邬老师,不知道是个什么样的大叔?",我当时忍俊不禁,"扑哧"笑了出来。大叔?且不说性别,这个"叔"字辈,实在接受不了啊……对了,省得名字和形象不符,大家就叫我Ann吧,这是我的英文名字。
　　学生们大笑了起来。这时,上课铃声响起。我开始了一贯以来的最简单直白的新学期开场白:大家早上好!(Good Morning, Everyone!)我停顿了一会儿,等着学生的回应。
　　大家稀稀拉拉地回复了一句:早上好。
　　于是我笑着提高了声音,又说了一句:大家早上好!
　　大家明白了我的用意,这次整齐而大声地回答了我:早上好!
　　我告诉大家,打招呼的目的是提起大家的精气神儿。然后我展示了新学期的第一张课件图片(如图 6-2 所示)。

New College English IV

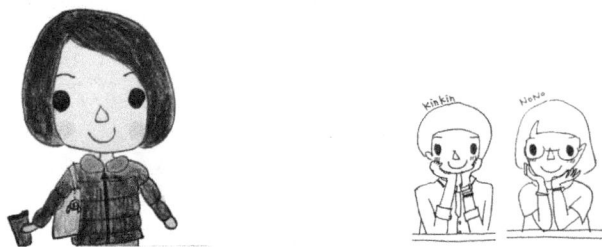

图 6-2　课件展示：新学期开场白

手绘图的左侧是一个背着包，拿着水杯，身穿蓝色衣服的短发圆脸女士，右侧是两个捧着脸坐在课桌前的短发女生。

我提出了学期的第一个问题：从图片中你们能得到什么信息？

学生们似乎一头雾水，大约是觉得大学英语课上做的第一件事情居然是看图说话？

我笑了笑，继续鼓励他们：先别去想这个问题有多"傻"，答案会有多"傻"，只需要用你自己的语言去表达你所看到的和想到的就可以。

学生 C：这是一个朝气蓬勃的孩子，和我们一起展望未来。

我：展望未来这个词我很喜欢，这个期望也很棒。我还要谢谢你把她称为"朝气蓬勃的孩子"。

学生 D：我觉得这个穿蓝衣的卡通人物和你很像。

我主动站到了卡通人物旁边，继续问道：好像是啊，那具体而言，是哪些地方相似呢？

学生 D：首先是发型，都是黑色短发。然后是水杯，你从进教室就开始端着杯子。

我：真棒。能猜出杯子里装的是什么吗？

学生E打趣道：枸杞！（全班同学笑了起来。）

我故作无奈地说了句：看来我真的到了无法装嫩的年纪了……不是叔字辈，就是手捧枸杞茶？

学生F：刚才你走过的时候，我闻到了咖啡的香味，应该是咖啡吧。

我：聪明！我喜欢你刚才的表达。你的观点不是平白无故给出的，你在给出自己想法的同时，给出了理由。（大家恍然大悟的样子说明他们理解了这个问题的意义在于用证据或者理由支撑自己的观察或者观点。）顺便说一句，我是咖啡迷。我在黑板的右侧写下了 coffee freak/coffee person 的同时，问他们喜欢喝什么？

学生G：我爱喝茶。

我：那么你就是茶粉（tea person）。接下来，我们回到学生D的回答。她提到了我的发型。这是一个大家所见到的事实，那么从这个事实，大家可以推断出与我有关的信息吗？

学生们觉得这像个简单的侦探游戏，尤其推理的对象还是老师，这吸引了他们的注意力，参与的学生越来越多。

学生H：留短发体现了你是一个比较干练的女生，而发色为黑色，如果你没有刻意染发，那说明你是一个比较崇尚自然的人。

学生I：我觉得短发说明老师是一个可爱的人，加上笑容，以及PPT风格，更加印证老师的可爱。

我：给你们点个赞。不是因为你们表扬我干练、崇尚自然或者可爱。顺便说一句，这几个形容词我都很喜欢。为什么点赞，有同学能说出原因吗？

学生J：我觉得是因为他们两个有不同意见。通过同一个现象，有各自不同的阐述，还能给出自己的理由。

我：你会是一个很好的老师。来，击个掌。（通常男生我会和他击掌，女生我会和她们击掌或拥抱。）因为你发现了他们观察现象—阐述现象—陈述理由的思维规律。这是我给他们点赞的原因之一。

学生K:还有别的原因吗? 好像想不出来了。

我:刚才学生I提到"可爱"这个性格的时候,除了短发之外,还提到了什么?

学生K:哦,他提到了笑容和PPT的制作风格。

我:所以,他使用了几个支撑证据呢?

学生K:短发、笑容、PPT的制作风格一起印证"可爱"的这个性格。三个支撑证据。

我:大家一起来看咱们刚才讨论中的思维过程。这个图是将我们的思维过程视觉化了。通过这个思维导图我们可以清楚地了解我们的思维是如何通过英语这门语言美妙地表达出来,并实现沟通的目的。

接下来我给出了自己的联系方式,并要求他们从我的QQ号码、邮箱地址中再去发现一些信息,和之前的图片信息相互印证。我边讲述边在黑板上绘制思维导图(如图6-3所示),用视觉思维的方法加强学生的理解。

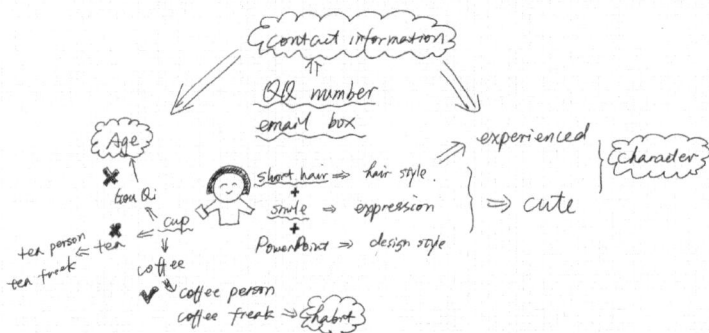

图6-3　课件展示:教师自我介绍的思维导图

这样轻松自在的开场拉近了我和学生的距离,但最重要的是传达了我对大学英语课堂中语言表达和思维训练的基本要求:第一,先描述现象或者陈述事件;第二,对现象或事件进行分析,找到支撑理由;第三,争取形成自己的观点或看法。如图6-4所示。

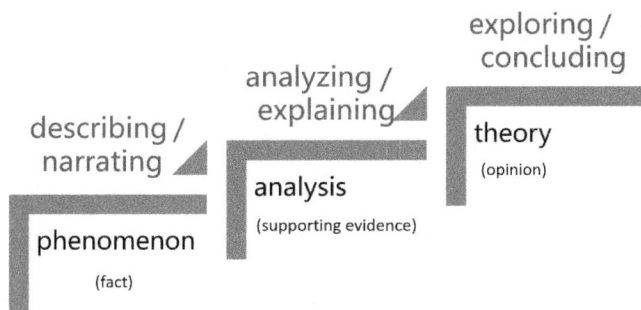

图6-4 课件展示:语言表达与思维训练三步骤

同样,运用思维导图将语言表达时的思维过程视觉化的方法也一直沿用在我接下来的课程中,在培养学生语言能力与水平的同时,也进行思维训练。

对我而言意义不一样的这堂课,同样也给学生留下了很深的印象。学生P结束了大学英语学习之后,给我写了一封感谢信。

英语课总是在体育课后,这真是一个奇妙的安排。记得去年10月初见的那天,一楼教室窗外的藤蔓仍葱绿欲滴。Ann在PPT上呈现了一个手绘的背着包拿着水杯的小姑娘,让我们猜猜看那是谁。我觉得答案很简单嘞,肯定是老师为了鼓励大一新生,放上一个朝气蓬勃的孩子,和我们一起展望未来。然而尴尬的是,我的第一次回答就错啦。不过Ann表达了自己的开心,在以后的很多很多节课上,Ann都和我们分享了自己的开心。于是,我也好开心好开心。对了,Ann的签名很可爱。

接下来便想要记录一下课堂了。Ann给我们介绍了翻转课堂,这新颖的形式很能满足我的好奇,以至于我现在还对compare和

contrast 记忆犹新。我们分了小组,于是在此后的一年里,我们都注定要在一起完成各种有趣又有挑战性的任务。收集了一年 A4 纸的 task,也收集了一年的惊喜与感动。可惜的是,期末之前我们都把它们整理好上交啦,现在想想真该偷偷私藏几张以做留念。这几日,我翻阅着第二册和第三册课本,仍能从我那凌乱的笔记里感受到 Ann 对课程的精心准备,能够回忆起黑板上的思维导图,甚连尝试着去揣摩 mind map(解构和重组文章与作者传达的观点的意义)的心境也清晰而真实。后来,训练内容逐步升级,从导图到仿写到完整片段描写到即兴演讲辩论,我们慢慢感受到了 critical thinking 的强大力量。当然,其实课堂并非只有这么高级严肃的内容,Ann 给我们介绍了名叫"sleeve"的咖啡纸垫和名叫"tenacity"的咖啡小馆,不得不说 Ann 真的很钟爱咖啡。有时候我觉得课堂被 Ann 布置得宛若星空一般,然后 Ann 带着我们理性又不失童真地去仰望它,爱上它。

这封信之所以让我感动,是因为学生 P 记得的每个细节传递了她对老师两个层次的认可。首先是情感认可。学生接受了课堂上老师可爱的性格与开心的情绪,拉近了师生彼此的距离。其次是专业认可。学生记住了多种教学设计,从翻转课堂的教学形式、课堂任务作业纸、课后笔记到黑板上的思维导图,她记住了丰富的教学内容,从导图、仿写、片段描写到即兴演讲和辩论。

　　Q:每次看到你说起师生关系,总有说不完的幸福感。
　　我:和他们的相处的确是让人非常愉悦的。
　　Q:你们像是朋友,又像是师长。亦师亦友说的就是你们吧。
　　我:嗯,我们是朋友,但不只是朋友。你刚才用了一个很好的词——"亦师亦友"。
　　Q:因为你本来就是他们的老师啊。

我:其实我说这个词用得好,是因为我有不同的解读,类似于"三人行必有我师"。我想说明的是学生其实也是我的老师。

Q:哦,怎么讲?

我:当然是学生身上有很多值得我学习的地方了。不过这个心得并不是刚开始当老师就有的。任教初期,我和学生年龄差距不大,相似的生活阅历、兴趣爱好很容易拉近师生彼此间的距离,但同时也容易出现分寸把握不佳的现象,表现最为明显的行为便是好为人师。课堂上会对学生的某些不配合或者不努力的行为进行批评,课后又会任意给出自以为是的建议。意气风发,却也年少轻狂。那个时候我对于师生关系的定位局限于朋友关系。

Q:那是什么时候发生变化的呢?

我:应该是潜移默化的。具体第一次有这种心得是什么时候,我已经记不太清楚了。但给我非常明确的感受是2013级的学生。

Q:发生了什么特殊事件吗?

我:首先,他们是一批既有学习干劲,又有学习方法,还有学习能力的优秀的人,他们身上总是洋溢着努力向上的青春活力。和他们在一起的时间是我教师职业开始遇到瓶颈的时期。并不是说在教学上我遇到了什么具体的问题或者困难,而是我从那个时候开始,关注自己的职业发展,关注点开始有所转移,希望能将自己在教学上的一些积累转为科研成果,但决心不强,动力也较弱。

Q:他们与你不同的生活状态激发了你学习的动力?

我:还谈不上学习。那个阶段感觉这些学生都很优秀,课堂活动中小组讨论、个人演讲、辩论讨论都不在话下。他们带给我一定的教学设计和实施的压力,他们那种积极向上的情绪感染了我,让我觉得自己可以做出一些改变。

Q:这种情绪上的感染应该还称不上为"师"吧。

我:在这种情绪的感染下,我开始阅读相关文献,申请一些课题。尽管命中率很低,但至少开始做了。

Q:这是好事情,他们的学习态度和精神激励了你。

我:但真正让我觉得可以从学生那里获取知识或者帮助的是学生O,他是一个电脑技术高手。我2014年正好参加学校优秀教师比赛。当时课上做演讲的时候,学生O所在的小组使用了一个小型的绿色软件PREZE,很多公开演讲的人都会使用。我也想尝试使用,于是找到了学生O。

Q:他应该很乐意帮助你吧。

我:是的,他很清晰地告诉我使用方法,以及它与PPT的不同之处。但凡我碰到什么问题,他总能帮忙解决。

Q:很多老师都会找学生帮忙的。这是你第一次吗?

我:的确是我第一次主动而明确地从学生那边获得帮助。我顺利完成了教学比赛。从那个时候开始,在每个学期末的班会上,我都会很真挚地对所有的学生说声谢谢。当然,伴随着感谢,我还会自己制作明信片之类的小礼物。2019年我就送给2017级的学生一套我自己制作的校园风景明信片(如图6-5所示),上面的照片是我亲手拍摄的,上面的小诗也是我即兴而作的。

Q:很让人羡慕啊,给我也留一套吧。不过,为什么要送这些自制的明信片呢?

我:我理解的师生关系是需要经营的。那么如何经营呢?我有个诀窍,就是让学生也感受到你就是个普通人,和他们有着相似的生活体验或者兴趣爱好。比如,我会和他们分享喝咖啡的快乐,校园美丽的风景,以及我即兴创作的诗。

Q:为什么要这样呢?你不觉得这样把自己更多的信息都暴露了吗?

我:我觉得让学生喜欢你,首先你就应该接近他们的生活,了解他们的个人魅力。同时,也让他们在一定程度上了解你,这些其实也是教师的个人魅力之一。教育与生活不是脱节的。

图6-5　Ann自制的校园风景明信片

吾之所得——伙伴师生

送走一批批学生,看着他们的成长与变化,一方面,内心欣慰,可另一方面也的确会有些感伤。很多年了,我才明白一个道理,作为大学英语教师的我,终究只是学生在大学盛宴中短暂的一个片段。但不能因为这个片段的短暂,便忽视它存在的意义。

这些年要说感谢的是我。我很感谢这些参与到课堂教学改革当中的学生,因为他们的包容和配合,我才有坚持下去的勇气。更多时候,我在学生这里感受到的是他们对我的宠爱。是的,和他们在一起,我反而更像一个没有长大的、一直在摸索前行的孩子,有些敏感,有些脆弱。正是学生们对我的宠爱保护着我一路前行。

我对师生关系的理解不仅仅停留在朋友型师生关系的层面,而是上升到欣赏型、共鸣型的师生关系。我对于师生关系的理解从单一走向系统。师生关系不只是一种类型,在不同阶段、不同教学情境中,师生关系是不断变化和发展的,有情感亲近的朋友型师生关系,有认可共鸣的理解型师生关系,有信任自主的管理型师生关系,有教学相长的互助型师生关系。由于师生的不同性格、不同学习风格和习惯,师生关系的类型也是变化的。如图6-6所示。

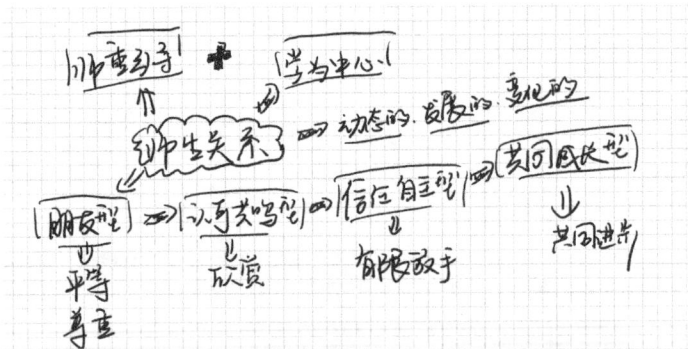

图6-6　一章小结之思维导图:伙伴师生关系

都说为人师者的幸福感大多来自学生的认可、收获和共鸣，我也毫不例外。这种幸福感是让我坚持的主要动力之一，但有时过于沉溺于幸福感之中容易让人贪恋舒适区的温暖而踌躇不前。从最开始每两年换一届学生，到现在几乎每个学期都有可能面对新学生，真的是"铁打的老师，流水的学生"。每届学生呈现出来的不同特色对我而言，是挑战，亦是欣喜。

不妄自菲薄，但也不居功自傲。与君共勉。

第七章

师之成长：教研相长

吾说吾事——教研合作

Q：和项目组同事讨论，加班晚了。

我：我其实挺羡慕你们这种项目组形式的合作，大家为了同一个目标，各司其职，各尽其能，感觉很有团队的归属感。

Q：你们也有类似的组织吧？教研室就是一个团队啊。

我：嗯，从教学管理的角度来说是的。基本上是按照所教授课程和对象的不同组成不同的教研室。比如我们是大学英语二部，我们这二十多位老师主要负责某一个年级的非英语专业学生的大学英语及其后续课程的教学。大家在一个教研室里工作，得益于网络沟通平台，大家有关教务的、日常的聊天和沟通多了很多，感觉比较亲近，有一定的团队意识。

Q：那你为啥还羡慕我呢？我们的团队通常会因为项目的不同而不同，并不一定完全固定下来。

我：我所说的羡慕，不是指羡慕你们组织架构上的团队概念，而是"合作"二字。大学英语的教师，或许并不一定仅限于大学英语这门课程的教师,在一定程度上都是有些孤单的。

Q:孤单?

我:怎么说呢,就是会有这种感觉。因为大学课程设置相对而言不那么集中,很多老师有课的时间不一致。如果不开会或者不去食堂吃饭,或者不特别约定,彼此之间就很少能见面。见不到面,交流也就少了,所以还是比较容易有"独行侠"的感受。

Q:那你们会怎么去解决这种"独行侠"现象呢?

我:"民间方式"呢,就是同一天有课的时候去食堂教师窗口吃饭,趁中午午休时间去附近喝个茶或咖啡,小聚一下,或者平时三三两两地约定一下。因为大家的工作和专业相同,所以一般聊天都很容易围绕教学中的事件分享经验或者吸取教训。这种方式让人很放松,收获也大,所以我个人还是很喜欢的。这是非正式的一种交流形式,当然也可算是一种灵活机动的合作形式吧。

Q:既然有"民间方式",就该有"官方"的版本了?

我:嗯,我们教研室会定期组织教研讨论,教学小组也会经常召开某些项目的推进会。

Q:那为什么还是会觉得孤单呢?

我:其实大家在一起开研讨会或者推进会的时候还是很开心和兴奋的,只是,目前大多数的合作方式还是停留在经验交流的层面,涉及具体的教学改革行动,特别是教改研究,很多时候还是会由个人进行的。当然,经验交流也是一种合作形式,只是我会渴望一种深度合作,比如一起尝试一种新的教学方法,然后针对教学效果进行分析,找出问题,并尝试合作解决;又或者根据大家感兴趣的统一教学现象,共同阅读相关文献,找出改进策略,尝试着一起合作进行一些教改项目研究,将我们喜爱的教学和研究在一定程度上关联起来。我们喜欢讨论教学,但好像不是那么喜欢讨论研究。当然,这很大一部分原因是我自己的学术研究能力不足。

Q：好像你们也经常会申报一些项目，进行学术研究合作？

我：会的，我们现在也有很多项目组，会一起进行一些教学改革的尝试。总觉得还有一些进步空间，教学之外，特别是学术研究方面，总觉得合作体验处于"合而不作"的尴尬境地。

Q：我记得你尝试过和教授Y合写论文？

我：是的。我和教授C、教授Y、副教授X都进行过合作研究，是很好的尝试和合作体验，从中我学到了很多。这可能也是我更渴望合作的原因之一。从他们身上我看到了认真做学术研究的人的魅力。你能看到那种沉浸在研究中的纯粹的美感。

Q：这就是合作的魅力。你的访学经历应该也算是合作体验吧。

我：的确。在圣约翰大学和Dr. B的学习给我开启了不同的研究视角。从某种意义上来说，他们都可以算是我的导师。

Q：那也是一种幸福。

我：跟你聊聊觉得自己挺幸福的。其实，我和我最好的朋友也会进行教学交流，而且也能从他们身上学到很多呢。

Q：那是肯定的。你之前过于拘泥于教研合作的形式了吧，未必非得以项目合作的形式进行教学研究才叫合作吧。

我：你说对了。我要好好想想，其实日常生活中，我已经和很多同事、朋友、导师以不同的方式开始了不同形式的合作。只不过，可能虽然我很有合作意愿，但合作的主动性不是那么强烈。

Q：想办法克服啊。如果能找到合适的合作方式，你们就可以从"合而不作"转变成"合作共赢"。

思有所得——合作研究

一、同伴互助·必有我师

我的身边有一群可爱的人,我们都是大学英语老师。相同的工作背景让我们结识彼此,真挚的生活热情让我们共同成长。我们来自天南地北,会聊生活,会聊工作,也会吐槽……我们就是一群普通的可爱的人。在我们的话题里,总是会讨论到我们的工作。不论承认与否,我们就是一群喜欢教学的人。

我学到了语言教学中教学设计创新的重要性。我们经常分享某次教学设计实施,分析某次教学案例的成功或者存在的问题,探讨学生出现的问题以及可能的解决方案。我们一起努力搭建教学平台,积累最新的教学资料,分享教学中的喜悦和困惑。我们或许会有不同的教学风格、不同的教学理念,我们可以争论,可以不认同某次设计,但这并不影响我们彼此学习。这些非正式的日常讨论,真实地存在于我们的生活之中。最及时地、最实时地影响着我的教学设计,帮助我在教学设计和教学实施上逐步提升。前文提到的任务型教学,相信我的朋友们也在践行。

我学到了语言教学中思维训练的重要性。语言与思维的辩证关系如何通过大学英语的教学设计得以实施,并让学生受益,这大概是我和朋友们最近几年聊得最多的话题之一。朋友有喜欢跨学科知识的,有喜欢辩论和演讲的,有喜欢写作和阅读的……大家的兴趣点不同,平时阅读的书籍也多种多样,当彼此的思想碰撞时,会产生许多有意思的火花,但最重要的是我们在讨论中认识到了思维训练的重要性。前文中提到的思维导图这个思维工具在教学中的使用,并不是我独创的,也并不是我一个人的特长。我们对于语言教学中的思维训练有着相似的理念,所以我们一起寻找方法。我们会探讨教学中讨论课的实施,会讨论如何培养学生学会提问,会讨论如何开发学生的创造性思维,不仅仅给出正确的答案,而且给出经过思考的回答。

我学到了语言教学中研究意识的重要性。教学中的学术研究会反作用于教学,解决教学中存在的问题,提升教学效率或者教学成果。研究领域为文学的朋友让我明白,文学素养对于一个大学英语教师的重要性,研究兴趣为管理的朋友让我明白管理学知识对于教学管理的借鉴意义。当专业素养融入日常教学之中,给学生带去的不仅仅是知识,更多的是一种思路,一种思考方式,一种思维模式。参与教学中研究意识重要性讨论的朋友越来越多。我曾有幸和两位教授合作进行论文写作。印象中最为深刻的是一次次相关理论文献的学习,一次次调查问卷设计的调整,一次次问卷数据意义的探讨,一次次文章逐词逐句的修改。最终看到打印成稿的文章时,方才明白一篇学术论文的诞生如同十月怀胎,其中的心力、精力、脑力不可小觑。而让我最为感动的是,在合作中我所感受到的他们对待学术研究的严肃、严谨、认真。这种一丝不苟的学术态度,让我终身受益。

同行的人,除了相互取暖,还能相互支持。朋友的含义很多也很深,亦师亦友应该是我最大的幸福之一。从朋友身上,我学到了很多,也正因为有他们的相伴,我成长了很多。这种成长的学习融入了日常工作和生活。同时,我也期盼着将来的某天,我们可以进行更深层次的教研合作。

二、小组互助·教学研讨

在日常的非正式讨论和交流之外,教研室是一个教学管理意义上的教研共同体。我们教研室的老师们特别可爱,大家把自己部戏称为"二连",寓意是一群有着共同任务的团结的人。每个学期我们都会进行至少五次教研活动,其中包括研讨主题的教研经验交流,如教学午餐会等。

2013年3月,我和教师Z在学院合作组织了一场名为"青年教师困惑——突破与成长"的教学午餐会。会议是以两人对话的形式展开的:

教师Z:那么,是不是采用了任务型教学,就实现了有效教学呢?

我:很难说,因为在这个过程中,我发现,教师更多关注的是任务的设计和评价,而学生关注的是执行和知识技能的积累,两者是相对独立和分离的。而且在任务实施的过程中,老师需要将任务的要求非常明确地表述出来,并让学生了解。但这种沟通,经常未必是有效的。学生会茫然无助,这个老师到底要我干什么呢?

教师Z:那你怎么处理呢?

我:我这个时候考虑更多的是,怎样在任务中更好地让老师和学生有效合作,而不是各自完成自己的角色任务。

教师Z:那你是怎么看待这个现象的呢?

我:我首先思考的是传道授业解惑,我到底要传的是什么道,授的是什么业,解答的是什么样的惑呢?什么是我最想和学生分享的?目前,我的感受是我最想做的是让学生学会思考。一个会思考的人,是不怕他不会学习的。之前的任务型教学中,学生被动参与,只是完成了一个个任务,没有主动去思考如何完成得更出色,或者还有没有其他的解决办法。

因为课堂时间有限,有时候任务的设计是一连串的,那么师生在有限的时间内,怎样才能一起完成某个任务呢?

XX商学院教师C,包括我们学院的教师A、教师W,还有你,我们在平常交流比较多的是活动的设计。那么最近呢,教师C和我两个人在尝试着将小组讨论引入任务型教学中。目前还在实验的过程中。

教师Z:小组讨论应该不是一个新的教学教法啊。

我:是的,这个想法不新,但是我们在具体的操作上,做了一些新的尝试。每次课,我们会腾出15—20分钟的时间,让学生分成小组,进行同一话题或者不同话题的小组内部讨论。重点是,我会参与每个小组的讨论,蹲下来,和他们聊。通常每个小组有自己的组长,首先重点培养这个组长的组织和提问的能力,我会在讨论中具体地做些示范,给出一些思路,引导他们进行下去。让学生知道,对他们的评价很大一部分是针对他们在小组讨论过程中的表现的。我这个学期因为班级只有24个学生,所以操作起来效果比较好,每次讨论我都可以在各小组中间轮上2—3次,进行过程的监控。

教师Z:那么对于一个40—50人的大班,怎么做到面面俱到呢?

我:这时候,是一定要牺牲掉一些环节的。比如任务型教学其实是非常强调最后的展示结果的环节的。但是,我在目前的课堂操作中,比较注重学生的参与和对其思考能力的培养,所以,我参与各个小组的讨论,是评价的一个方面。另外一个方面,每个小组最后的展示结果不一定是统一的方式。每次讨论我会根据小组讨论的状况,选取一个或者两个小组,做口头的presentation,其他的小组,则是书面总结。如果发现非常有意思的想法,有可能会要求他们采取更有意思的表演之类的方式来进行展示。我在最后做展示的小组的选择上,通常遵循两个原则:一是我觉得他们更需要得到锻炼;二是我觉得他们很有想法,值得分享,可以作为好的榜样。

教师Z:作为老师,会不会觉得教学任务增加了?

我:坦白说,课前会好点儿,这个阶段更多考虑的是讨论话题的设计和任务安排。课堂最累,你的精神需要一直处于亢奋状态,但这是一个教学相长的过程,参与讨论,自身的素质也能有所提高,学生也会。课后呢,看你布置总结的形式,如果总是作文,那么是很辛苦的,如果是口头的形式,相对而言会好些。

所以,对咱俩分享的故事而言,亲其师,信其道……

这次教学午餐会是我们教研活动的一次缩影。大家通过教研活动针对某一主题的探讨,往往会引发更多的思考,从中不仅可以学到别人的优秀经验,也可以探讨教学中存在的困惑。这种同事之间的小组互助,大家的畅所欲言,总能带给我强烈的归属感和安全感,总让我感受到身边有着同样教学热情的人在一起前行,并不孤独。

三、导师相助·进修

自我民族志是"探索个人在社会文化环境中所具有的独特生活经历的质性研究方法"(Custer,2014)。我在纽约圣约翰大学访学的经历中,从学术研究意愿与热情、学术研究规范与伦理以及学术研究进程与心态三个方面,亲身感受到文化体验对大学英语教师学术研究及专业发展的影响。

从教十几年,从最初的热情到之后的理性,再到现在的自省和反思,甚至有些自我怀疑和摇摆。我期待在这次访学进修期间,找到一种合适的研究方法,来探究自我内心深处对这份职业的理解,审视自己从一名课堂实践者(classroom practitioner),到做研究的教师(researching teacher),再到教师研究者(teacher researcher)的职业成长历程(高一虹、李莉春、吴红亮,2000),寻求自己将来的职业发展方向。访学进修是高校英语教师迫切需要的在职学习、自我提升的有效途径(吴一安,2007)。了解资源丰富的学术研究,感受原汁原味的语言教学,获取更真实的生活体验,这正是国外访学进修所能给予的独特的文化体验。

接下来的一年和导师 Dr. B 的学习与合作,引领我进入了自我民族志研究的领域,开启了我作为教师研究者的转变之旅,同时也让我深深思考:访学文化体验对于语言教师学术研究及专业发展具有怎样的影响。

认真阅读我在圣约翰大学教育学院为期一年的访学日志、听课笔记和与同事交流访谈的归纳分析,与学术研究及专业发展相关的访学文化体验主要表现在学术研究意愿与兴趣、学术研究规范与伦理以及学术研究进程与心态三个方面。

1. 学术研究意愿与兴趣

2016 年 4 月 10 日下午,我和 Dr. B 在 Aera 的书展会场遇到了弗吉尼亚理工学院暨州立大学人文艺术学院的 Dr. T,她正在进行有关批判式自述文化志(Critical Autoethnography)的研究,并著有一系列相关著作。经过 Dr. B 的引荐,我们听取了 Dr. T 的研究介绍。华盛顿会议中心的三楼大厅,来来往往的参会者让整个会议中心热闹非凡。我们和 Dr. T 及她之前的学生——现在在特兰西瓦尼亚大学教育学院任教的 Dr. M 四个人,就在三楼大厅最靠近书展厅的大柱子旁,搬了四张椅子,随意地坐下聊天。Dr. T 从她是如何定义批判式自述文化志说起,以讲故事的方式,娓娓道来,她详细地解说了她在研究过程中如何直面自己最脆弱的那一刻,从而找到了批判式自述文化志这种深刻自我剖析的研究之路(Tilley-Lubbs and Silvia, 2016)。在这期间,Dr. B 非常积极地参与提问和讨论,而 Dr. M 也适时地提出她的一些想法。在整个过程中,我看到了她们之间非常良好的专业互动。而我更多的是拿着笔记本记录一些关键词,认真地听着,思索着,感受着。从她们交谈的神情和语气中,我感受到一股强烈的热情,这种热情丝毫不矫揉造作。她们对自己所做的研究自信满满,正如我在阅读的一些有关自述式文化志的书籍里展现的一样,那种作者在字里行间透露着对质性研究的热爱。

在这里遇见的许多老师都非常周到和友好,除此之外还有一个共同的特点——对自己所做研究和教学的信念与热爱。同事之间见面寒暄之后,若有时间多聊几句,往往是谈及最近在做什么样的研究,进展如何。而每每被问到这样的问题时,每个人脸上都洋溢着一种自信和快乐,如数家珍般地开始分享自己最近的研究状态或成果。这或许是因为美国大学的教授大多是博士毕业,经过了严格的学术训练,且都拥有自己的研究领域,并坚持在相关领域进行持续性的研究。

这对于我而言,是非常大的冲击。我一直游走于学术研究的边缘,只抱着对教学的热情,一直在教学和科研之间徘徊,从开始固执地认为教师教好书就行,到后来觉得必须做些与教学相关的研究,到现在在真心希望自己能找到属于自己的研究领域,而这个领域与自己的日常教学和职业发展密切相关,真心希望自己成为教师研究者。然而,学术研究只凭一腔热情是无法达成的。他们在专业领域讨论时的积极参与、思考和讨论,正是思想火花碰撞的时候，而我需要的，是将自己美好的意愿转化为动力，积极参与与之相关的研究行动（包括学术讨论）。这种参与和分享的学术意愿以及兴趣正是教师研究者成功转变所需要的必要条件之一。

2. 学术研究规范与伦理

2015年7月底，办完访学所需要的所有手续之后，我拿着Storm Card来到了图书馆门前，想要借一本Dr. B的专著。圣约翰大学的图书馆面对学校的中心草坪。蓝天白云，微风轻轻地吹拂着青草，开阔的风景让人心旷神怡。图书馆门前还有些长椅，虽然因为阳光太烈，空无一人，但总给人一种想要驻足留步的冲动，也许秋风起时，手拿一本从图书馆借来的书，坐在这长椅上，甚是惬意吧。图书馆的门厅并不大，左边是面对一年级新生的办事处，右边是写作中心。刷了Storm Card进入图书馆，看到的是一楼的咖啡厅。信步走上三楼，从小门进去，虽然是暑期，办事前台还是坐了两位和蔼可亲的老师。在书台上，整整齐齐地摆放着许多关于图书馆的介绍彩页以及图书馆活动的通知。让我最感兴趣的是一些关于EVERNOTE使用的工作坊（workshop），该工作坊通过具体的案例，详细介绍EVERNOTE的使用方法，帮助刚入校的新生以及需要进行查阅科研文献的教师初步掌握文献检索的方法。而当我因为借书的缘故咨询一位老师时，他在热情解答了我的疑问之后，很认真地向我介绍EVERNOTE，希望我能了解EVERNOTE的强大功能，并强调可以在接下来的论文写作中合理使用。这次谈话给我留下了深刻的印象。学术论文写作规范的普及，从进入图书馆的第一步就开始了，并且当你不了解时，会有专门的工作坊人员或者专家进行指导。这不仅仅体现的是重视学术研究的规范性，同时也是为了尽最大可能地帮助学生培养规范性。

学术的规范性不仅仅体现在论文文献引用方面，还体现在研究伦理的严格规定上。我在圣约翰大学跟着Dr. B听了三门课。Dr. B上课非常风趣，互动性强，且注重理论与实践的结合，让我受益匪浅。三门课程都有一个共同点，当然这也是圣约翰大学所有课程的特点之一。在开学的第一堂课,Dr. B会给每位学生发一份教学大纲,详细说明一个学期的安排,以及做相关课程研究时的规范和要求,同时强调如果论文公开发表,一定要到学校的IRB备案。IRB即Institutional Research Board,是学校专门负责审核学术研究伦理的部门。在研究开始之初就必须提交研究设计和计划,在IRB进行相关审核并通过之后,研究才能得以开展,且在论文投稿之时,需要提交IRB相关文件。

学术伦理并不是一个新话题,但关于在学术研究中如何遵循学术伦理,以及其规范性,对于我而言,还是一个比较新的领域。我原以为只需要告知被研究者,并征得同意便可以开展相应的研究。而实际上,任何针对人的研究,都必须上报学校的Institutional Research Board,按照要求提交研究设计和计划。如果被否决,那么相关研究必须放弃或者整改,这是对被研究者的最基本的尊重和保护。对于学术伦理相关规定的了解和执行,让我感受到了学术研究本身的严谨性,而这也是成为教师研究者所具备的研究素养之一。

3. 学术研究进程与心态

由于一直徘徊在学术研究的边缘,在论文写作和发表方面,我难免会有些心急和功利,总想着快速地写出一篇文章,然后在SSCI期刊上发表,结果反而是一篇文章也写不出来,自己还特别焦虑和沮丧。

Dr. B在每周和我的见面中,从来不催着问我最近写了什么或者告诉我必须写些什么。Dr. B风趣且平易近人,我们很快建立了舒适区。我很喜欢和她在办公室聊天,特别是午后的阳光从偌大的窗户射进来,阳光洒落在书本上,让人觉得充满希望和快乐。每周一次的导师见面,总能让我感觉开心和轻松。在她的办公室,我们经常会聊些最近的生活,包括日常的生活、阅读的书籍以及在纽约的各种体验和感受。在看似闲聊的会面中,我逐步感知到"回顾"生活的重要性,尽管只是回答简单的一句"How are you doing, Ms. Ann?",但我需要回顾过去的一周留在记忆深处的有趣的或者有意义的事情。同时,回顾的重心从最开始单纯的生活琐事逐步转移到了与专业研究相关的阅读和思考,而养成这种回顾的习惯,对于我后来的研究是一种潜移默化的影响。慢慢地,我开始从单纯地记录自己的访学生活,开始逐步记录自己的访学感受和思考,包括疑惑和反思。

2015年10月的一次日常见面中,我们聊起了教师同时作为局内人和局外人的质性研究方法。Dr. B给我简单介绍了自述式文化志这种研究方法。自述式文化志,也可译为"自我民族志",是"探索个人在社会文化环境中所具有的独特生活经历的质化研究方法",将个人与文化相联系,适合将自己作为研究对象,探究自己与特定社会文化现象之间的关联,通过将读者带入具体的情境中,让之感受作者的思考、情绪以及行为,他们通过一种带有强烈美感和情感的深描,对个人以及人与人之间的经历进行自述式文化志的研究写作(Ellis,2004;Ellis and Bochner,2011)。

刚开始接触到这个方法的时候,我感觉找到了自我研究的途径。已经有很多相关的教育研究者在使用并倡导这个研究方法,在阅读这些书籍的时候,能够很直观地从他们的文字中感受到他们对于教育和自我反思的热情。他们直面自己生活中最脆弱的那一时刻,并从中挖掘出可以分享的经历,寻求与他人的共鸣,为自己下一次的进步和研究做铺垫。

研究的最初是从大量的阅读开始的。没有大量相关文献的阅读以及思考就开始论文写作,多是闭门造车,而文献的阅读也并不总是局限于研究主题。每次和Dr. B见面,她总会拿出一些新书或者期刊给我,让我扩充阅读,帮助我不断地深入了解自己感兴趣的并想要深入挖掘的研究主题。我开始放慢脚步,不那么急躁地进行文章的写作,而是通过多方面的阅读去了解自己想要做的研究以及研究方法,反复设计自己的研究计划,调整研究思路,并且勇敢尝试。急于求成的心态会在一定程度上蒙蔽对质性数据的收集、理解和分析,对于整个学术研究生态圈的健康发展非常不利。良好的学术研究心态是教师研究者转变的关键因素之一。

学术研究不仅仅在于树立强烈的意愿与兴趣,遵守相应的规范与伦理,安排合适的进程,培养良好的心态。静心探索相关专业领域的文献之后,如何设计自己的研究,找到合适的研究方法,遵循相应的研究规范和伦理,以严谨的科学态度坚持并完成,这才是一个教师研究者的良性转变。

在上交给学校的访学心得中,我写道:

一年的访学生活很快结束了。翻看电脑里的照片,我才意识到这一年的体验,已成回忆。然而,回忆对于人,可能是一种成长的印记,也可能是一种发展的前提。

带着忐忑不安的期许,我来到一个只在宣传媒体或者课本上看到过的城市——纽约。时尚摩登的大都市,像极了上海,多了些亲切感,但周围都是陌生人。

收获的第一项,便是朋友。20年未见的儿时伙伴开车来接机,将一切安排妥当;从未谋面的年轻女大学生们一起合租,带着我熟悉大街小巷;楼上楼下偶然认识的邻居,相互帮助与扶持;国内高校教师同行一起访学,互通生活以及学校课程、讲座的各类信息……这些都是慢慢积累的一份情谊,让异国的我多了份温暖。

收获的第二项,便是学习。结识亦师亦友的导师,是我在纽约访学最开心的事情之一。每周办公室的定期面谈,教学周晚上的听课,周末对TESOL课程的课堂观察,国际会议的小组讨论,感恩节的火鸡大餐,圣诞节的传统表演秀,丰富着我的访学生活。我和Dr. B交流着教学心得、研究兴趣以及生活感受。课堂观察带给我最大的冲击是学生们的高度参与。课堂中总是充满各种讨论,理论的讲述和分析,往往都是结合生活中最亲近的例子。大家乐于分享的不仅仅是自己对知识的理解,更是对生活点滴的感悟。这里,你感受不到年龄、肤色和语言的距离。参与感是整个课堂最难能可贵的财富。

收获的第三项,便是态度。和导师、朋友或者陌生人的深入交往,让我感到生活的不易。然而,大家都以热情开朗的心态,积极面对生活中出现的挫折和工作中出现的挑战。在圣约翰大学或者其他院校遇到其他教师,大家除了日常生活的寒暄,最多的就是交流自己最近在做的研究或者项目。哪怕只是一个很小的项目，或者还只是一个设想，他们也侃侃而谈，透露出对自己努力付出的自信，也展现出对自身研究的喜爱和热情。

收获的第四项，便是严谨。在教育学研究中，许多老师采用质性研究的方法，研究过程中的伦理问题是受到相应制度的严格监督的。导师告知，在开始一项与人相关的研究之前，必须经过学校专门负责科研伦理的部门的论证，确定对被研究者不会造成伤害，才可以开展研究。对于被研究者的尊重，是研究的根本。同时，在研究过程中，学校会采用各种方法保证研究数据的真实性和原创性。严谨的治学态度，让我受益匪浅。

同样，生活了一年的纽约，也留给我很多切身感受。

感受之一，教育的理念出现趋同现象。也就是说，美国开始向中国的教育理念学习。他们也开始设置全国统一的核心标准（每个州可以自行决定是否采用），拟定与核心标准相配套的州考以促进学生对基础知识的学习。虽然，这个核心标准受到了许多一线教师的诟病，但是有相当一部分教育学家对它所带来的教学效果是持乐观态度的。

感受之二，语言学习的国际化应该是国内英语教学的发展方向之一。纽约皇后区就存在220多种不同的语言，大家在同一片蓝天下，说着不同的语言，彼此却能相互理解和沟通。学习了十多年英语的大学生，只要有交流的欲望，基本的生活英语他们应该是掌握了的。那么，现阶段大学英语的教学应该和学生自身专业发展相结合，不应只停留在一般话题层面上。深入的讨论，需要基于丰富有效的语言输入，同时创造语言输出的机会和场景。除了课堂教学，国际交流项目应该也是学生开拓国际视野的渠道之一。

感受之三，工作与进修相辅相成。教育生态环境的日新月异，对于教师自身的职业成长提出了更高的要求。除了常规的教学和科研工作之外，一线教师如果能有机会多走出校门和国门，与国内外同行交流一下工作情况,对于教学科研而言,是具有一定的促进作用的。

一年的时间很快,但积累的收获与感受定将伴随着我的记忆,一起成长。

Q:看到你能和那么多优秀的人做朋友、同事,大家志同道合,亦师亦友,其实很幸福。

我:我也有同感。之前还在说有时候会觉得孤单,但总结和归纳后,才真正意识到自己的幸福。

Q:或许你们的目标和兴趣不一定完全一致,但有一点是相似的,你们都是认真做事情的人。

我:我发现,身边的每个人都在用自己喜欢的方式去总结、思考和反思自己的工作与生活,这其实就是一种研究态度。不管我们的思考是否会得到学术价值上的认可,至少我开始有意识地进行研究,这对我而言是个起点。

Q:这也是你十分感恩于他们的原因之一吧。

我:这也是我十分感谢你的原因之一。

Q:哦,为什么呢?我好像并没有帮上什么忙。

我:让我改变学术研究态度的,除了我身边这些朋友和同事,你也是十分关键的。以前我对"科研"二字有些敬而远之,生疏得很。不知道你是否记得几年前我们讨论过好几次的事情。

Q:我们经常讨论,具体是指什么?

我:你提到企业发展到一定程度,会开始思考设立研究部门或者和高校合作进行研究工作。当时你们单位在筹备这样的部门,而你为了深化中式住宅小镇的设计,仔细研读相关的论文和专著。我还曾经嘲笑过你,画房子还买了一堆学术研究的书回来。这件事情对我触动很大。我开始思考学术研究到底意味着什么。

Q:我们在设计方案的时候,讨论的不是一幢独立的房子,或者一个独立的小区。任何房子都是在生活中的。它与人有关,与生活有关,与历史有关,也与文化有关。所以,当我们谈论设计时,无法做到孤立地看待建筑。

我:你们是觉得需要学术研究来支撑设计吗?

Q:这是一个方面,另一个方面是因为我们在设计实践中也形成了一定的优秀的经验,有它值得被研究、推广、传承的一面。所以,我们也想为理论体系的扩展或者深挖做出贡献。

我:这就是我感谢你的地方。我以前将学术研究局限于高校之内,片面而且固执地认为自己"被科研"的原因是我在高校。我热爱教师这个职业,愿意为了当老师付出高校教师应该完成的科研努力。这是我之前的想法。

Q:现在改变了吗?

我:是的。现在学术研究对我而言纯粹了些。当然,我还不是一个纯粹热爱科研的人,我必须承认。我的学术研究能力还有待提高,学术意识、学术敏感度和学术素养都有很大的进步空间,但至少如我前面所说,我没有那么排斥它了。我开始尝试亲近它,这是一个起点。

大学英语教师的教研合作中,往往存在以下问题:青年教师与中、老年教师之间的互助合作较少,不同层次教师之间互助合作的能力不够、合作水平不高,在校本教研中自觉参与度和互动程度不高,合作研究共同体没有真正形成。

广义而言,"教研共同体"是一种由教育实践者、教育管理者和教育研究者组成的广义而多元的共同体。狭义而言,这是由教师基于共同的教研目标、研究兴趣构建的一种支持型合作共生关系。在这种共生关系中,教师建立教研伙伴关系,增进彼此交往,改善教研文化氛围,促进职业成长。

构建良好的教研共同体,需要整个共同体的努力,主要包括以下几个方面。

　　首先,教研主体需要增强合作意识。培育教师教研共同体意识需要增强教学与科研的兼容性,赋予教师行动意义,推动教师多元发展。教研共同体意识的核心价值在于依托教研交流,优化教研氛围,促进教研融合,提升教研质量,从而促进教师的职业发展。

　　其次,教研共同体需要制度化,建构非零和评价体系。教学团队的良好合作不能仅仅停留在实践层面,要以制度形式将其规定下来,承认团队合作中每个成员的努力和贡献,保障参与团队合作的教师的合理利益。

　　再次,教研共同体需要营造文化氛围。从制度走向文化,是教研共同体的共同愿景,也是促进教师专业成长的不竭动力。教研共同体应该成为学校文化、教师文化,构筑源于团队文化的专业精神。

　　教研合作,其实并不局限于同行之间。总是带有所谓专业人士的标签去看待世界,更容易屏蔽我们的视野,限制我们的格局。合作,不仅仅是渠道,是形式,更是意识,是文化。

　　三人行必有我师。与君共勉。

吾之所得——教研共同体

　　教研共同体对教师发展的驱动作用是明显的。从他人、组织、社会、国家到国际形成一个教研共同体的生态体系,教师在这个生态体系中,可以跟他人进行合作,可以参与教研会议的讲座和讨论,可以申请不同层级的课题资助,可以进行国内外的访学进修。通过各种合作渠道,教师可以将学科知识、教学能力、信息技术能力等结合起来。如图7-1所示。

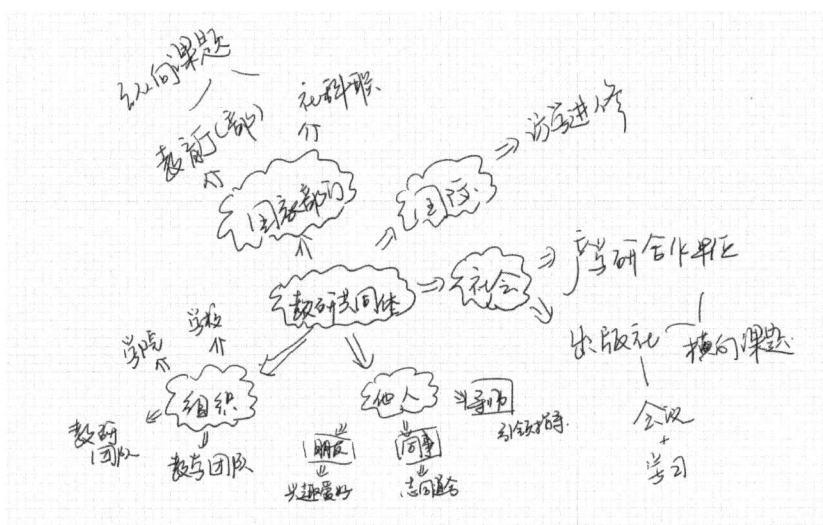

图 7-1　一章小结之思维导图：教研共同体

论理

教师成长

博学之，审问之，慎思之，明辨之，笃行之。

——《礼记·中庸》

第八章

师之感悟:教师成长

吾说吾事——被动成长

在星巴克,和 Q 先生在等小 Q 辅导班下课。书稿的写作已经完成了关键性事件的自我民族志的部分。我想和 Q 先生聊聊。

我:你看完那些故事,有什么感受吗?

Q:我很开心能成为这本书的一个组成部分,成为和你对话的那个人。

我:因为我们常常会对这些事情进行沟通,这些对话也是这些故事的重要组成部分。

Q:这些对话也帮助我们对这些事件进行思考。

我:是的。对话是一种反思的呈现形式,这也是我在阅读相关自我民族志研究后学到的一种学术写作范式。

Q:感觉很新颖,也很接地气。

我:这正是自我民族志吸引我的重要原因之一。我喜欢对话,喜欢在对话中产生的思想火花。或者说,这是适合我的一种研究方法和写作方法。

Q:的确,找到一个适合自己的研究方法,是你写这本书的目的之一吧。

我:是的。

Q:那写完这些年教研经历的一个个小故事,你最大的感受是什么? 是不是很有成就感?

我(笑了笑):被动成长。

Q:嗯? 被动成长?

我:很奇怪吧? 写完这些故事,留给我的最大的感触就是这四个字。我像是个被保护得很好的娃娃,慢慢地由着自己的性子长大。幸福的是在这个过程中得到了很多人的帮助,看到了成长中的不同风景,也细细体会到了这个慢成长过程中的很多感受,很多时候是一种成长的享受。但这个过程也伴随着痛苦,一是来自外部环境的压力。国家教育政策变革、学校转型改革、学科改革发展以及学院快速发展和我自身发展速度之间存在速度差。二是同伴压力。同时期入职老师的成长历程和我的成长历程之间存在差异,以及后期进校的老师成长速度的赶超。三是自我审视所带来的负面情绪。成长到一定阶段时,对自己也会有更高的要求,坦白说,最近几年,我的自我否定比以前多了很多。

Q:你说到的三点痛苦是从外部因素和内部因素来讲的。大多数职场的人都会遭遇,并不一定仅限于教师,也不一定仅仅是你个人的体验。

我:的确,我就是个普通人啊,所以我的体验也具有一定的普遍性。我所经历过的故事很多人或多或少会有类似的体验,这也是我想把这个过程写下来的原因之一。我们的慢成长挺需要相互取暖的。

Q:但这和被动成长有什么关系呢? 你之前提到最大的感受是被动成长。

我:因为这些压力是促使我成长的主要原因。如果没有外部环境所带来的压力,我很可能会一直待在舒适区。在舒适区内,我很容易陷入一种自我肯定的膨胀之中,因为我习惯了舒适区内的掌控感,也适应了它的节奏感,但是这种适应很容易让人停滞不前,所以我发现我的成长很大程度上源于外部环境的督促和压力。

Q:那你想过怎么变被动为主动吗?

我:有意思的一点是我对待被动成长的态度有变化。最开始我很容易陷入这种自我否定的负面情绪里,我认为被动成长是不好的,甚至有些厌恶自己的不主动。后来我尝试着逼迫自己去变被动为主动,比如我会尝试着去申请科研或者教学改革项目,加入学院的科研小组或者教学改革小组,以及和其他老师合作,希望通过外界的力量来督促自己。但是我发现在这个过程中,我仍然是较为被动的,内心主动寻求变化的动力似乎不足。但是在写这本书的过程中,我回顾自己走过的路,尽管这些事情未必源于我强烈的内在动力,但我还是看到了自己的前行和努力,好像有豁然开朗的感觉。即便是被动成长,也是一种成长。当我想要去改变之时,首先要做到的应该是正视自己的被动成长。不嫌弃,不厌恶,直面缺点,才有可能找到适合自己的方法和渠道去改变自己。被动成长的过程是痛苦的,但我并不抗拒被动成长。相反,我以一颗虔诚的心感谢这些年来的外在压力和驱动力。在我内心还不够强大,能力还不足的时候,外在的驱动力发挥了它极大的能量,我虽然走得很慢,但一直在前行。唯有艰难,方显勇毅。

Q:很高兴这本书能带给你这样的感悟,值得。其实,在我看来,虽然你的动力主要源于外部,但你主动寻求与其他老师的合作,以及参与小组合作的行为还是源于内在的呀。

我:很不好意思地说一句,我之所以觉得我要感谢我身边的很多人,其中一个原因便是我常常是被帮助的那一个,是其他老师主动抛出橄榄枝,而我所担当的角色更多的是合作者和协助者。在这个层面来看,还是比较被动的。

Q:那你在合作中总是把自己看作合作者和协作者的原因是不是不够自信?

我:嗯,我一直很喜欢一句话——"穷则独善其身,达则兼济天下",这句话出自《孟子·尽心章句上》。其意是不得志的时候要管好自己的道德修养,得志的时候要努力让天下人都能得到好处。我的个人解读是先独善其身,而后兼济天下。正如你所说的,我目前的确属于学术素养还不够成熟、自信的阶段,所以我不强求自己去成为那个可以帮助他人的人。因为能力不够,未必能帮助他人。但我还是很希望当自己足够强大的时候,也能像那些帮助过我的老师一样,去帮助他人。

Q:真好,在这个过程中你还是有人同行的。

我:的确。如果不回想,其实会觉得自己的成长之路似乎是很孤单的。只有在仔细反思过去发生的这些关键性事件的过程中,才会发觉自己真的挺幸福的。其实,在得到帮助的过程中,我还是有被动成长的印记。

Q:哦,为什么?你刚不是说希望自己将来也能帮助他人吗?

我:因为有人一起合作,在某种程度上是分担了一定的压力。除了给予帮助,也给予督促和支持,甚至很多时候会帮助你做出判断和决策。我也很容易陷入这种有人帮助的舒适区内。

Q:那怎么会想到"兼济天下"的呢?

我:嗯,在合作的过程中,三位老师(教授C、教授Y、副教授X)都给予我同样的建议,写文章也好,做项目也好,要尝试着做独立作者。这并不是完全否定合作的意义,这只是在成长过程中,摆脱他人或导师给予你的脚手架。如同孩子的成长有脚手架原理一样,我也得到了脚手架式的帮助,但真正的成长应该是撤掉脚手架,自己独立完成一件事情或独立掌握一项技能。

Q:嗯,听到你的这些感悟,也让我对自己的职业发展有一些反思。还有,其实你提到脚手架原理,我觉得挺适合小Q的教育的。

我:每次和你聊天,你都能绕回到小Q的教育问题上来。是,我承认。我对职业发展的思考,对教学教育的思考,对我当好妈妈这个角色也是有帮助的。教育必定是终生的,教育理念不一定非得分不同阶段,它该是一个生态体系。我对大学生教育的思考,也会影响我对小Q的教育思考,反之亦然。

Q:那你想怎样来结束这本书呢?

我:自我民族志的研究应该是水到渠成的。也就是在我的叙事中将理论娓娓道来。最后一章,我想将自己的故事串联起来,看看能从自己的成长中挖掘出一些怎样的宝贝。

成长是什么?

成长是一种发展过程,是生命摆脱稚嫩,走向成熟的过程。具象而言,生命由小变大,由弱变强;心理而言,由幼稚变成成熟。

成长是一种实践体验,是在发展过程中亲历亲为的一种经历。

成长是一种心理变化,是对事物、事件在不同时期的不同看法所形成的一种观点或信念。这种信念对其行为有指导作用。

简言之,经历过,思考过,而后知其意,导其行。

那么作为一名大学英语教师,成长对我而言又意味着什么呢?

回顾我的成长历程,我的大部分精力投注于教学实践,从教学方法的革新(任务型教学)、教学技术的运用(多媒体网络技术、微课、慕课等)、教学工具的创新(思维导图、视觉思维等)到教学经验的积累与探究(教学改革项目、科研小组合作),我都参与其中,参与发展过程中的每个关键性事件,通过对这些经历的反思和探究,我逐渐摆脱幼稚,变得成熟,逐步形成自己的观念。由此,教师成长是我在职业发展过程中,通过不断的工作学习、教研实践、探究反思,从稚嫩走向成熟的过程,同时在我的内心逐步形成对教学、教研、教育的思考和信念,并对我今后的教学实践产生指导。

广义而言,教师成长指的是教师人生境界的成长、教育思想的成长、专业知识的成长和技能智慧的成长(徐世贵,2008:3—4)。狭义而言,教师成长则指教师职业发展,指在教学职业生涯的每个阶段,教师掌握良好专业实践所必备的知识和技能的过程(Holye,1980),是教师在不间断的学习、工作实践、探索、总结反思中,使其教育思考、教育教学经验、技能由低层次向高层次日趋进步成熟、完善和提升的过程(徐世贵,2008:3),是教师成为更有作为和更有效的实践教师的一个过程,亦是教师对自身教学行为进行不断的调整、实践、反思,是教师专业发展所关注的焦点(Carr and Kemmis,1986)。

思有所得——教师成长

一、何为教师

教师是一种践行,基于教学和研究的实践。教师在一定教育理念的指导下,通过综合运用不同的教学方法,进行教学活动。在一定的教学情境中(课堂、课外、网络平台等),通过一系列教学行动(备课授课、批改作业、考试评价等),传授某一专业科学文化知识,引导帮助学生学习、掌握实践经验技术,培养学生全面发展。在教学实践过程中,教师同样进行学科研究或教学研究。

教师是一种传承,是知识、文化的继承者和传播者,是人才的孕育者,是连接历史和未来的桥梁。教师通过教研行为研究、传播知识和文化,基于教育理念培育未来人才,通过知识传播和人才培养延续人类历史文化。

教师是一种信念,是对从事教育事业的认同和坚持,是对教育教学的思考和探究,是对教育事业的一种无私付出。"蜡烛""春蚕""园丁""母亲""人类灵魂的工程师"等都是人们赋予教师最朴实无华而又极具情感(喜欢、尊重和敬爱)的温馨称谓。教师在知识传播、教书育人的认同坚持与情感付出中帮助学生更深刻地学习知识，更全面地发展自我，更主动地寻求自我发展（亲其师，信其道）。

1. 一种有温度的存在（教师的自我认知）

我是一个独立的社会人，承担不同的社会角色。我是女儿、妻子、母亲、朋友以及老师（阿W日常、佛系懒妈、巫师A安）。我是一个普通人，有着普通人的喜怒哀乐和欲求渴望。我希望每个角色都能做到完美，我疲于奔命，在不同角色中不停转换。我曾经认为这些角色将我生生割裂。然而，最终我发觉，我还是我，不论是女儿、妻子、母亲、朋友，抑或是老师，都是完整的我的一部分。它们之间相互联系，相互影响。女儿的身份帮助我更好地理解母亲的角色，朋友的视角帮助我更好地成为妻子，老师的思考帮助我更好地教育孩子，当好一名母亲（和Q先生的对话总会回归到小Q的教育问题）……而所有这些人生的体验和感受都不可避免地出现在我和学生的交流中。我的人生经历亦是他们成长的一面镜子，我希望他们了解我的优点和缺点，希望他们看到我的过往和展望。我希望在他们眼里，我不仅仅是一名老师，也是一个朋友，还有可能成为一名和他们父母年龄相近的忘年交。我不掩饰我对年轻的渴望，也感谢他们的存在，让我一直和"年轻"在一起（开课的自我介绍）。我不掩盖我所犯的错误，也希望他们绕开我曾经犯过的错误，以我为鉴（教学改革时学生选择免听的经历）。我不遮掩我对教学的痴情与热爱（参与教学比赛，学习新软件），也希望他们感受到我的执着，或许我只是他们人生经历中的一道小风景，但我也希望尽自己所能去感染他们，帮助他们树立健康向上的人生观。

我希望自己是一名有温度的师者，具有真实面对自己的勇气，不避讳自己所犯的错误并能及时纠正，乐于接受外界的信息并随之调整，了解并依从自己的性格特点和兴趣爱好去挖掘适合自己的教学风格，并因此丰富教学过程，帮助学生更好、更开心、更亲近地接近语言学习。

2. 一种核心竞争力(教师的专业认知和策略性认知)

教师是学科知识和教学知识的专业结合。就学科知识而言,我关注学科知识的积累,注重语言知识、技能、文化和思维的和谐。大学英语教学的工具性与文化性并不冲突,没有语言技能的培训如何进行良好的沟通和阅读?缺乏良好的沟通和阅读,如何去了解世界的不同文化?又如何让世界了解中国的文化?反之,没有文化的熏陶和引领,缺失语言学习的重要内容,技能训练成了光杆司令,如何得以提升?你所听到的、读到的语言材料本身就是文化的一部分。具有工具性的语言学习,重在实践;具有文化性的语言学习,重在素养。两者需要的是融合,而不是割裂。事实上,大学英语的教学也无法割裂。以主题为单元的大学英语教材和基于内容的教学设计正是知识、技能和文化的融合。但是,大学英语教学需要加强思维训练。语言与思维之间的断层很大程度上影响学生观点的表达和沟通,学生在进行观点表达时,不仅仅要对自己所学的知识和文化进行复述,还需要对所学知识、文化等进行分析、归纳、批判或提炼,形成自己的观点。这需要教师有意识地将思维训练融入知识、技能和文化的教学之中。

就教学知识而言,我以任务型教学为基本设计原则,相信教学方法的使用应该从单一走向融合。课堂教学场域中学生的多样化需要教学方法的多样化。同样,教学场域中事件发生的不可控性也需要教学方法使用的灵活性,需要根据学生的不同需求进行修改,根据课堂学生的现时反馈进行调整,根据教学目标的不同进行加减。教育背景日新月异,同样也要求教学方法的创新。后方法时代,具体探讨某一个教学方法的优劣意义不大。教师应该根据自己对日常教学的整体理解及对自己学生需求的具体了解进行课堂决策(钱晓霞,2014:6)。从一堂课的设计开始,到一个教学任务链的设计,到课程设计,我致力于构建系统化的教学模式。教材内容讲解,知识至上;课堂活动设计,兴趣至上;教学任务设计,能力至上;课程教学设计,素质至上。系统化的课堂教学模式和整体性的课程设计可以培养学生掌握课堂教学设计规律,自觉适应教学过程,提前做好预习准备,做好学科学习的整体规划,培养学生自主学习意识,提高学生自主学习能力。

我希望自己是一名拥有核心竞争力的师者。我希望依据自己对语言学习的思考,在教学中运用一些思维工具,将语言知识、文化素养和思维训练融合为一,像自己的名字那样,成为一名有魔法的巫师A安,并因此带给学生更大的收获。

3. 一个敏锐的伙伴(教师的人际认知和情景认知)

教师是学生的伙伴。在大学英语教育场域下,我与学生共同参与大学英语教学活动,和他们共同组成教学共同体。我们是基于共同的目标任务,在互动交流与合作发展的基础上构成的具有互动合作、交往生成、持久稳定等特点的一个群体。在教学共同体内,我们独立思考,平等对话,协同互动,共同成长。伙伴的含义包括了知识服务者、朋友和管理者。

教师是知识服务者。学生不再是教师凭意愿随意塑造的原材料(项茂英,2004),他们的主体意识和自我需求持续受到重视,教学共同体出现了知识市场特性,师生之间是知识服务者与知识消费者的关系。在大学英语教育场域中的知识服务意指教师基于尊重学生的知识需求,在语言知识、应用技能、文化素养、学习策略等方面给予学生帮助、指导和引领。在信息技术发达的时代,教师并不是知识的唯一来源,但教师在专业素养和理论学习等方面的优势,可以给学生在其现有水平和潜在水平的"最近发展区"提供"支架"服务。同时,学习是一个知识体验的过程。在提供知识服务的过程中,教师应该尊重学生的体验需求,创造体验式的学习情景,创造有体验氛围的课堂文化,引领学生体验语言的实用性、文化性、人际性和审美性,为学生提供充分的思维和情感体验的机会,让学生体验成功和快乐(王海啸,2010)。

教师是学生的朋友。大学英语的课堂内外,我们在语言学习的过程中,通过任务型教学活动,基于主题内容的探讨进行文化、知识和观点的讨论。我们之间有共同语言,分享兴趣爱好,共享信息。我们相互理解,站在对方的立场,从他者出发进行交往和沟通,这样才能最大限度地发挥两者的主观能动性。教师与学生是大学英语教育场域中的两个独立主体,应享有基本的平等权利(万作芳,任海宾,2011)。师生之间应该平等对话和交流协商,实现知识的共享(王俊菊,朱耀云,2008)。在英语教学过程中,我们之间的平等交往、对话、合作和交流是一个相互认识、相互沟通和相互理解的动态过程。尊重是相互的,在提倡尊重教师的同时,也要尊重学生以及他们发出的声音。尊重同时也体现在朋友之间保有一定的尺度感。我会聆听他们的故事和遇到的困难或问题,但不会替他们做选择和决定。他们已然成长为能为也应该为自己负责的人。

　　教师是教学共同体的管理者,是团队中的一员。这并不意味着我们还沿袭传统的"管理"与"被管理"的师生关系——我可以依据教师"权威者"的角色,掌控整个教学管理,学生习惯了被动接受指令,完成教学任务。我具有绝对的权威,做出所有的决策,并强求他们执行。相反,我们尊重彼此,相互协商。在进行有意识的引导和培训后,我让学生参与课堂任务设计、实施和评价的过程中,培养他们自主学习和自主管理的能力。当学习成为自己的职责后,学生可以发挥极大的自主性,把学习从教室这个有限的范围里扩展到其一生。我和学生一起参与"有限度的共同管理",我带领一群伙伴共同经营英语学习共同体,在这个教学过程中共同成长。班级课代表不是唯一参与教学管理的学生,每个同学都有可能承担不同的角色任务。"有限度的共同管理"强调学生的有限参与。在我的帮助下,他们学会自我有效管理和小组合作管理,并部分参与教学内容、教学方法、评价方式等的决策和执行。当然,"有限放权"绝不是我在教学过程中完全"放权"或者盲目"放权"。我必须承担教学管理的职责,引导学生参与教学管理,帮助学生培养自主学习能力和自我管理的能力。这对我而言是巨大的挑战,我必须走出舒适区,尊重学生诉求,放下权威姿态,学会与学生协同合作。

　　我希望自己是一个敏锐的师者。具有敏捷的思维、敏锐的观察力、准确的判断力、灵活的认知性,尊重学生的学习诉求,感知学生的学习体验,发现他们学习行为的变化,并能根据教学情境的细微差异调整自己的教学实践。

4. 一位有心的思考者(教师的批判反思认知)

教师的思考不仅仅局限在任务设计、实施和评价过程中,还体现在教学活动结束后的自我反思过程中。前者的思考具体表现为我基于自己对大学英语学科内容、教学法和教育学方面的理解,将学习内容性知识与教学法知识有机融合,将我自己对于知识的理解通过具体的教学任务设计和实施,转化成学生可以接受、理解和运用的形式,从而帮助学生习得语言。后者则是一种教学实践取向的反思。在教学任务结束后,我会通过语言或者文字形式对任务中自己的教学行为、学生的学习行为,包括自己和学生在任务过程中的思考过程再次进行深入的思考。这种思考可以是独白形式,也可以是和学生的对话交流,还可以是与其他老师的对话交流。但这种反思的习惯需要有意识地培养。同时,培养及时记录反思的习惯也是做好田野笔记的一种,是教学研究特别需要的研究资料,也是连接教学实践与研究的桥梁。

我希望自己是一名有心的师者。具有敏锐细腻的观察力和共情力,在教学的过程中,能有意识地做好教与学的记录,不让教学仅仅止步于课堂活动的结束。同时,让自己的反思意识和反思习惯去感染学生,帮助他们成为一名有心的学习者。

二、如何成长

我的成长轨迹不是直线形或者阶梯形的,而是迂回式的螺旋上升的,在每个不同的阶段有缓行、有停滞、有超速,甚至大多时候是被动的。按照自己对教育、教学和对学生看法的变化,我把目前的成长经历分成了三个阶段:适应期、稳定期和发展期。

第一个阶段是适应期,也就是新手教师阶段,经历了三年左右(2001年9月—2004年6月),节点是2004年参加的学校第二届教师技能大赛。在这个阶段,我对语言教学的理解相对而言是割裂的——我承担着"教"的职责,督促学生完成"学"的任务。教学任务的设计中,我关注教材的研究和改编,教学活动的设计多针对知识点的掌握(课堂上的词汇竞赛、文化背景知识的介绍),教学理念多源于自身的学习经历和学习体验。我也关注师生关系的经营,对于师生关系的理解仅停留在朋友型的师生关系上,关注学生的情绪,注重他们的学习反馈,希望能和他们做朋友,并且有一定的保护欲(YL山课外教学被学生保护的事件)。参加教学比赛时和同事之间的探讨以及和学生之间的配合,让我第一次感受到磨课的重要性,同时也意识到教学并不是一个人的表演,一个人的力量和智慧是有限的,当志趣相似的人在一起探讨教学设计时,我能感受到大家思想碰撞时的火花,能看到其他同事值得尊敬和值得欣赏的优点,能体会到教学合作的乐趣。初为人师的幸福感大多来自课堂上教学活动的成功进行,课堂氛围的融洽和谐以及学生对自己的喜爱和认可。教学本身就能带给我足够的职业幸福感,而学生的情感反馈以及学习获得能带给我十足的成就感。这些教学行为几乎源自以往的学习经历、自身的性格特征以及同事间的交流。但在这个阶段,我对教学的关注点仅集中在一堂课的完美设计上,对"教师发展"这个概念几乎完全陌生,更无法顾及职业目标和职业规划。

第二个阶段是稳定期。我的稳定期时间跨度很长,日复一日,按部就班,陷入一种缓慢的自发式的成长,经历了九年左右(2004年9月—2013年6月),直到2013年3月,我和教师Z合作组织的那场名为"青年教师困惑——突破与成长"的教学午餐会的发言,结束了这一阶段。在这九年里,我继续在教学设计这块田地里勤快耕耘,仍然关注教学实践,始终围绕着"任务型教学"和"伙伴型师生关系的构建"这两个研究兴趣点进行教学,凭借感性认识,在实践中慢慢坚持教学任务的创造性设计和师生关系的良好构建。在这个阶段,我开始关注整个课程的设计,教学设计不再止于一堂课的45分钟之内,同时开始关注课堂外的一些语言实践活动。2003年学校成为"英语寝室"项目的实施试点,到2004年的实践推广,大学英语教学从学校层面开始进行改革。课堂上学生开口讲英语的时间大幅度增加,我在课堂上的"绝对话语权"受到了冲击,学生在课堂上的主体地位得以凸显,这导致我和学生的角色开始发生变化,师生关系似乎不再只是朋友型。同时,我的课堂教学中过程性教学评价的比例加大,这让我不得不面对我在师生关系中可能出现的丧失"绝对控制权"的局面。我开始关注课程的整体规划和设计,以及多层次多类型师生关系的经营。我的职业幸福感的主要来源依旧是教学上学生的认可以及他们的成长,但我开始意识到职业的幸福感和获得感不能仅仅来自学生与教学,还需要从自身的成长中去寻求。基于对教学的喜爱,我会写学术论文,同时也申请了一些校级项目,不仅是为了完成学院的考核任务,同时也是我进行学术研究的目的之一。我对于自身成长的思考出现了越来越多的困惑,这促使我开始进行临时性的、片段式的教学反思。对于教师发展或职业规划的理解仅集中在职称的评定上,然而,与学术研究的距离感,以及缺乏成熟稳妥的职业规划思考,使我在职业发展,尤其是在职称评定上陷入瓶颈期,应该是我没有主动付出在职称晋升上所需的努力,这在一定程度上导致我对自身成长的失控感逐渐加强。

第三个阶段是发展期,从2013年6月至今,七年左右。2013年9月我开始有计划有意识地进行课堂教学改革,并申请到自己职业生涯中的第一个,也是到目前为止唯一一个担任负责人的厅级科研项目——"管理学视域下星巴克式'伙伴'师生关系建构的教育叙事研究"。这个项目的设计源于我生活中最喜欢的咖啡,因为喜欢喝这个品牌的咖啡,我阅读了这个咖啡连锁品牌创始人的自传,并在他的管理理念里找到了教学管理中师生关系构建的契合点。我相信这个项目设计在一定程度上是自己多年对任务型教学以及师生关系关注的积累。在教授2013级学生时,我开始按照自己的教改设计,在任务型教学设计和实施中去构建伙伴师生关系。2014年研究生H因为研究论文写作对我进行了一个学期的教学观察和跟踪采访。和她的交流过程启发我有意识地进行教学反思,并开始连续记录教学日志。这样,在教学改革实践过程中我收集了大量的一手原材料。当我面对这些原材料时,我发现自己面对的是一个有待挖掘的宝库。项目设计之初,通过阅读相关文献,我了解了教育叙事研究,觉得这应该是适合我自己的研究方法之一。可是我不知道如何分析研究,特别是因为这些资料都是对自我的观察,如何用合适的教育叙事方法和恰当的学术写作方法呈现,成为我迫切需要解决的问题。幸运的是,由于2015年的蓝天计划,我到圣约翰大学访学,导师Dr. B给我指出了一个可能性。在这个阶段,学院制定了科研团队和帮扶小组制度,在一定程度上帮助研究兴趣相同或相似的老师,给他们搭建了一个沟通交流的桥梁。也就是在这个阶段,我接到了教授C(主体间性师生关系的行动研究)、教授Y(教师自主与学生自主)和副教授X(质性研究方法及哲学思考)抛出的橄榄枝,开始和他们进行学术研究合作,并在此过程中受益良多。在教学方面,这个阶段我开始关注教学与科研的结合,并进行尝试。我慢慢有意识地去分析自己这么多年教学经验所形成的教学风格和教学理念,并据此来影响自己的教学行为。我开始学会下意识地积累和思考相关教学理论,同时将教学理论赋予实施过程,在实施过程中,形成具有自己特色的个人教学理念。我开始尝试承担一些教学管理的事务,这在一定程度上扩大了我对教学的关注面,从最初一堂课的设计实施,到一门课的设计实施,再到现在的大学英语教学与教育的思考。

三、何以成长

教师发展可以从知识与技能的发展、自我理解和生态改变三个方面来理解(Hargreaves and Fullan,1992:29),这在我的职业成长过程中得以印证。

从知识与技能的发展来看,我在教学关注点、师生关系以及教与学的关系三个方面发生了变化。我的语言教学关注重点出现由点及面的改变:从一个教学活动、一次课、一个任务、一个任务链到一门课程的整体设计和规划。我对师生关系的理解出现从单一到系统的改变:从单纯的朋友型师生关系、伙伴式师生关系到主体间性师生关系。师生关系已经不再只是某种单一的形式,而是多种形式的有机融合(朋友型、服务型、管理型)。我对于教与学的理解出现从割裂到融合的改变:从教师教学生学、教师引导学生中心到主体间性教学关系,教与学不再是两个分裂的行为,师生角色也随之发生变化。

从对自我的理解来看，我分别在职业目标及规划、自我反思以及职业幸福感三个方面得以成长。在自我认知方面，我对于自己的职业兴趣一直非常明确。我喜欢课堂，喜欢教学，喜欢和学生在一起共同成长，我清楚自己在课堂上的教学风格，也知道自己的教学优点和教学短板，并愿意为之继续改进。但对于职业目标的理解却是在缓慢的成长过程中逐渐明晰的：新手阶段的无知和茫然，稳定阶段的瓶颈到发展阶段的被动，虽然过程缓慢，但目标逐步清晰，希望将自己的教学兴趣通过学术研究和写作得以呈现和传播，希望通过研究自己成长历程中的困惑和教训寻求适合大学英语教师职业成长的渠道和途径，做一名教师研究者。在自我反思方面，从最开始零星的片段式的个人反思，到与同事同行的学术对话的反思，再到形成习惯的教学日志和反思，希望通过系统的反思搭建教学和科研的桥梁，做一名教育研究者。在职业幸福感方面，从最开始完全依赖学生反应和反馈，关注自我发展，到通过学术研究的力量去传播影响，做一名教育思考者。

从生态改变来看，我一直处于从学校到国家层面的大学英语改革的浪潮之中。这既是发展的助力，又是压力。外在力量对我的个人发展的促进，让我意识到自己是教育生态体系中的一员，哪怕只是小小的一员，也同样发挥着自己的力量。我逐渐意识到教师自主发展的重要性，自身发展对个人的影响，自我、学生、自我发展对集体（团队建设、学院、学校）的影响，自我发展对学科建设的影响以及自我发展对社会的影响。

　　Q：我大概能明白你所说的被动成长的含义了。

　　我：是吗？说来听听。

　　Q：从你对自己职业发展的阐述来看，你总是在强调客观条件对你的影响。比如说教学比赛、教育厅项目、研究生的助研、几位前辈的提点以及教育改革的大环境。所以，你认为自己的成长动因大多来自这些外部条件，而非你自己主动寻求的。

　　我：嗯，的确如此。我常常在想，如果没有这些成长中的关键性事件,我会不会还是那个生活在家人朋友为保护我而营造的那个舒适的云端的"小公主"。

Q:在我看来,你还是那个"小公主"。其实那个舒适的云端是你自己建造的,它源自你对教学的热爱。因为那份热爱,你倾尽全力去营造,才会拥有舒适。但是,"小公主"还是要长大的,所以这个云端已经无法满足你的成长,你得走出舒适区。

我:为什么说被动成长呢?因为我觉得自己并不是主动走出那个云端的。从国家、学校、学院的教学改革环境,同伴、前辈的科研帮助,教学比赛的参与和教育厅项目的申请等,这些都在助力我的个人成长,但也是在这个过程中,走出舒适区的失控感越来越严重。坦白说,我现阶段的无力感非常严重。

Q:破茧而出的痛苦正说明了你的成长。我并不认为你这是纯粹的被动成长,或许外在因素的力量的确大于你内心渴求的动力,但你的内心其实一直在渴望成长。

我:何以见得?

Q:你一直在积累。这本书中所有涉及的故事在你的描述下那么栩栩如生,如同昨日发生一样,所以这些记忆在以不同的形式刻画到你的成长历程中。你喜欢记录教学日志和反思,你喜欢收集学生的优秀作品,你喜欢拍摄课堂上学生讨论的过程和结果,你喜欢记录课堂上的教学过程,你喜欢收录学生的学习反思,你一直在积累。我相信这些外在的助力,是因为你的不断积累而水到渠成的。也许的确缓慢了些,但它们的出现是因为你一直以来的坚持。

我:所以你的意思是被动成长并没有什么不好吗?

Q:我并不是很清楚被动成长和主动成长哪个更好,听起来当然是后者更好。但是我欣赏你的坚持,就像你坚持了两年半每周两到三次的健身。这些坚持或许他人未必知晓,但只要坚持了,必定有收获。

我:所以坚持即成长吗?

Q:这句总结我喜欢。但这并不意味着你一直要陷入这种被动成长中,既然了解到自己有些过于被动,那么就努力变被动为主动。

我:说起来容易做起来难啊。

Q:没关系,还是做你擅长的就好。就像坚持锻炼一样,继续坚持你所相信的,去做一个有温度、会思考的教育研究者。慢一点又何妨?

吾之所得——见微知著

"成长过程中积累的这些实践性知识,是教师真正信奉的,在教育教学实践中得以使用和(或)表现出来的对教育教学的认识。"(陈向明,2003)它应该成为教育理论与教师实践进行沟通的途径,教育研究者应该加强基于教育"田野"的教师实践性知识研究,进而成为教育理论与教师实践的互译者(张立忠,2011)。理论研究应该可以帮助教师将其隐性的知识显性化,将其非概念化的理念理论化,促成实践性知识的传播(王笃勤,2017)。然而,在总结教师的实践性知识时,以往研究者发现教师的实践性知识具有很强的个人色彩(陈向明,2011)。

2001年9月,我正式成为一名大学英语教师。至今已然走过近二十个春秋的教书生涯。如《庄子·知北游》所言,"人生天地之间,若白驹之过隙,忽然而已"。回望过往,惊觉近二十年的岁月不知不觉在学生、书本、教室之间慢慢流逝。岁月荏苒,大概就是这样的不经意。掬起岁月之流沙,我总是想找到些可以留下的宝石。这些宝石大约便是我近二十年来所积累的一些有关自我、教学和教育的思考。不为炫耀,只盼能为自己留下些念想,亦能为他人留下些可以借鉴的经验。若可以在教育这个神圣的领域尽一些自己的微薄之力,或许这便是我作为老师的获得与幸福。

"在社会科学中,特殊性值得像一般性一样受到关注。因此叙事探究者相信特殊性对于理解经验的意义,也相信在特定时空运用研究发现影响自身的力量。"(Pinnegar and Daynes,2012:27)一花而见春,一叶而知秋,窥一斑而见全豹,观滴水可知沧海。在浩瀚宇宙中,我虽渺小,却也自成一世界,见微知著,亦是大千世界的缩影。

附　录

常规性自主学习阅读作业优秀作业范本：
《中国日报》阅读

LOIS'
NEWSPAPER
CLIPPING

Preface:

Hey you guys?

Here comes the newspaper cutting collection from Lois!

This is → my friend

At first, I have to say I really treat this preface seriously to show my respect to the author. Bling~ Bling~ ✦ ✦

When you open it, you will find a compelety different part from the original newspapers. Yes, she used some magic to turns the boring black characters on white paper to the colorful art work. I can see the effort that she had paid.

I also believe she treated this homework not just as the homework but a kind of interest.

The hand cutting is better than mine, of course. ーー
The hand writting is lovely and each page is tidy. ö
I bet it is her character lead to this wonder. ~_~
[Haha, How kind am I] Lois is a lovely girl as she've drawn.
I really appreciate the part of "Lois' Views."
She wrote what she have experienced and what she thought of.
She blent her emotions into her views and sometimes I was moved. by her minds.
But I should acknowledge I am a person who is really easy to be touched. `1'o`;

Thank you for choosing me to write the preface [Haha~]
It seems I write too much ==.

Please ignore the grammer mistakes...

Charlotte
13. 12. 20

Lenovo eyes high-end mobiles

As PC era ends, company seeks profits from other hardware

时代；年代；纪元

计算机硬件；五金器具

I'm not a geek or an IT person. I love all the types of these brands. I love Lumia, iPhone of course Galaxy Note and so

By GAO YUAN
gaoyuan@chinadaily.com.cn

Lenovo Group is eyeing the high-end mobile market and plans to make it generate profits in the post-personal computer era.

The world's second largest PC maker by shipments has speeded up its **TECH** business transition this year in efforts to become a strong consumer electronics company to compete with Apple Inc and Samsung Electronics Co.

按出货量来计算

过渡；转变

电子学；电子工业

"Lenovo will become the No 1 smartphone vendor within China in two years," said Liu Jun, senior vice-president of Lenovo and head of the company's PC, smartphone and tablet businesses.

小贩；卖主

资深的副主席

Sales turnover of Lenovo's smartphone business is projected to make up more than 15 percent of the company's total by the end of this year, he said.

营业额；流通量

On May 16, the Beijing-based manufacturer released its latest smartphone, the K900. Selling at 3,299 yuan ($538), the company hopes the new device will attract customers from Samsung's Galaxy Note series and Apple's iPhone 5.

制造商；$$$厂商

On. But what I really care is can they st satisfy the needs of basic using. And they all do well :) So, to me, there is do no difference. HAHAHA!

Lenovo hopes to sell 1 million of the new devices in China, saying the market needs new gadgets to break Apple and Samsung's domination of the high-end market.

小配件；小工具

控制；支配

High-end customers in China need more options and Lenovo is poised to fulfill that demand, said Liu.

蓄势自发的；均绪的

Smartphones priced above 3,000 yuan are categorized as high-end products; they took 10 to 15 percent of the market share in China, according to Chen Wenhui, Lenovo's vice-president and head of its mobile business.

分类的

价格高于3000元的智能手机被分类为高端产品。

TECH TALK

During the first quarter of this year, Lenovo's China market share lagged behind Samsung, Nokia Corp and Apple because the company's smartphones did not get much market attention until last year, the report pointed out.

延迟

被指责延迟推出最新版iPhone和比其他国家保修差的Apple在中国霸占3.13%的市场份额。

↳ TOO RUDE TOO CONCEITED!

Samsung took nearly a quarter of the nation's market share while the declining Nokia managed 15 percent. Accused of being slow to release the latest iPhone and of having a poorer warranty than in other countries, Apple grabbed about 13 percent of the market share in China, said iiMedia Research.

下滑的；衰退的

被指控犯有…罪

保证；担保

攫取；霸占

Although overseas brands took more market share and sell more high-end devices in the country, there is "a strong momentum" for local brands to take market share from overseas vendors in the coming quarters, added the research company.

♡ I do wish our national brand a brighter future !

势头；冲力

仅管海外品牌在中国占据了更多市场，售出了更多高端设备，但是本地品牌对于从海外品牌手中夺得市场有利的冲力。

Lenovo was the top local smartphone maker in terms of market share.

就…而言

Marvelous 👍

To Aim, iphone is the one that opens the smart world. To the rich's choice everywhere! have many great APP! To be honest, I'm a crazy fan of Apple ~

FIRST QUARTER SMARTPHONE MARKET SHARE IN CHINA
Unit: percent

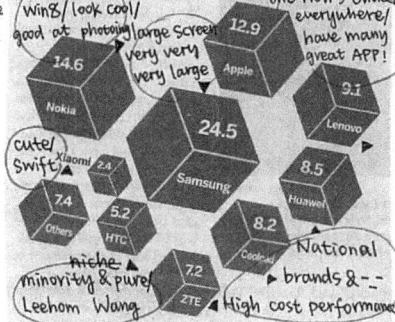

Win8/ look cool/ good at photoing/ large screen very very very large

Nokia 14.6 · Apple 12.9 · Lenovo 9.1 · Samsung 24.5 · Huawei 8.5 · Xiaomi 2.4 · Others 7.4 · HTC 5.2 · Coolpad 8.2 · ZTE 7.2

cute! Swift

niche minority & pure! Leehom Wang

National brands & -- High cost performance

Source: iiMedia Research

LI YI / CHINA DAILY

Words Come from (It's me!) · 📷 · (LIFE) the author

First of all, I want to say **THANK YOU** for you spent you precious time to looking through all these papers.

dark colored, messy, old fashioned

Although doing this kind of homework really costs a lot of time and energy and imaginations, I am **happy** to

and the passages are serious and professional [business]

find that I spen make use of the time in my first term in University and do leave something!

I'm a tried, busy sleep-late freshman!

I feel so sad that I really have many things undone

accomplish — T.T I'll do them in Winter Vacation

I know there should be **no excuse** such as I have no time or somethings likes it, but how time flies!

I'm not explaining TuT!!

So fast, so swift, so quickly! Move faster than high school OMG!

Luckily I still have my newspaper clipping work to show

(T.T) How poor I'm

that I did some meaningful things in my college.

(≈ crazy / enjoyful things) that make me remind of my youth when I was am in my grandma's age :)

And I promise there will be more mee things in the

future! there 'll be every chances in new Year! :) Cheer up!

We could be a better me in 2014! Pls f ingnore grammar mistakes XD

Lois.

2013.12.22

To be CONTINUED

常规性自主学习听力作业优秀作业范本：
奥巴马演讲听写

Name: 宙 mo. lois. m　　Class: 减6 1302　　Number: 1300010228　　2013.10.12

Hello, everybody. As 2011 comes to an end, and we look ahead to the 2012. I want to everyone to wish all the people a happy and healthy New Year. The last year's time has been a time of great challenges and great progress for our country. We ended one war and began another to wind down another. We've dealt a crippling and made America more secure. We stood with friends and alliens around the world blow to al-Qaeda through natural disasters and revolutions. And we began to see signs of economic recovery here at home. And even as too many Americans are still struggling to get ahead there is no doubt that 2012 will bring even more challenges. And as we head into the New Year I'm hopeful that we have what it takes to face that change and come out even stronger to grow our economy academic, to create more jobs and strengthen for the middle class. I'm hopeful because of what we saw before Christmas, when Members of Congress came together and made sure prevent tax hike for 160 million 1 hundred million Americans save a typical family about $40 in every paycheck. They also make sure the Americans looking for work won't see their unemployment insurance cut off. And I expect Congress to finish the job by extending these provisions through the end of 2012. For the good thing there are millions of Americans working. But Members of Congress do the right thing because you and your voices added in debate, through E-mail, through Twitter, over the phone, you let your representatives know at stake in your lives, your families your well-being. You had the courage to believe your voices could make a difference. And at the end of the day, they made all the differences. More than anything else, you are the ones who make me hopeful about 2012. Because we've got some difficult debates and some tough fights to come with the middle class. And in many ways, As I've said before, we are at a make-or-break moment the actions we take in the months ahead will determine what kind of country we want to be, and what kind of world we want our children and grandchildren to grow up in. As President, I promise to do everything I can to make America a place where everyone has a fair shot and responsibility are our w

everyone does <del>was</del> their fairshare, That's the America I believe in, That's the
America we've always known And I'm confident that if we work together, and if you
keep reminding folks in Washington with few words together and few
<del>people focus on Washitong</del> what's the at <del>state</del> stake, then me will <del>put the</del> more this country forward,
and guarantee every Americans <del>a make everybody have</del> the opportunity they deserve. Thanks for watching,
and from Michalle, Maliar, Shacel and Bo as well as and myself, happy new year!
Michelle, Malia, Sasha, Bo

Ann loves it 𝄐

Beautiful 💕! Ann

常规性自主学习阅读作业优秀作业范本：
主题阅读与写作

Freedom / RULES

1. As the kites struggled and trembled against the string, they seemed to say, "Let me go! Let me go! I want to be free!" → 这句话很可爱，批以！
→ As 而没有用普通的 when，眼前一亮=q= → 似乎挣脱的在与绳作斗争，两个动词用得很精妙

2. Yet freedom from restraint simply put it at the mercy of an unsym-pathetic breeze.
利薄的（春风← [rɪsˈtreɪnt] n. 抑制，束缚
而 作文中作为转折的句子。风筝挣脱了绳，但它不能再飞翔了。 任由…摆布 引出下文～

3. "Free at last" free to lie powerless in the dirt, to be blown helplessly along the ground, and to lodge lifeless against the first obstruction.
一串结构为 v. + adv. + prep. 的组合排比，很棒啊！同时把落地的风筝的"惨状"刻画得很形象和到位啊！ free to 看起来很不错，让它能……

4. How much like kites we sometimes are. 翻译成中文蛮奇怪的，但倒一倒特别棒！

5. the Lord gives us adversity and restriction, rules to follow from which we can grow and gain strength.
[ədˈvɜːsɪti] n. 不幸，灾难，逆境
前面的例子（没影响更加不自由）说明 rules 的重要性.

6. We keep part of the commandment and (pardon the pun) never rise high enough to get our tails off the ground.
it should be green TAT! 也不会将尾巴翘到天上

7. Restraint is a necessary counterpart to the winds of opposition.
约束 n.相似对物 逆风
很精辟！

8. Let us each rise to the great heights our Heavenly Father has in store for us, recognizing that some of the restrains that we may chafe under are actually the steadying force that helps us ascend and achieve. → 很棒的一句总结. 很明朗！
非常语 → 感到悲惨恼
在上分处! 且 help sb. do 且是第个A打头的动词, 赞!

MY VIEWPOINT

Restraint is a necessary counterpart to the winds of opposition.

In the common sense, rules and freedom seem to stand in the opposite place. The ~~less~~ fewer rules, the more freedom. Yet, here is another possibility, just as the ~~st~~ sentence goes, they are the necessary counterparts to each one.

~~When~~ As mention to "freedom", a picture ~~wis~~ drawed in my mind. The whole world is filled with peaceful blue color, dropping some white clouds or birds. The gentle breeze touch my face, and I could do everything I want to do. The amazing, pleasant, joyful world is really a wonderful land. As the above ~~sta~~ sentence put, even I want to "fly" ~~opposite~~ to the wind, it's also acceptable. But ~~we~~ what we might ingnore is that the life cannot always being so comfortable, and there are hidden troubles in the future way.

~~Naturally,~~ In that case we need rules, or restraint. There ~~are~~ is ~~an a~~ Chinese old saying goes like no rules, no neat shape, which point out the significance of having rules. Because of the rules, the world runs in order, people do their jobs in their positions.

In a word, just as philosophy has told us, contradiction is the unity of opposites. So, why not rules and freedom?

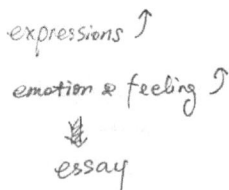

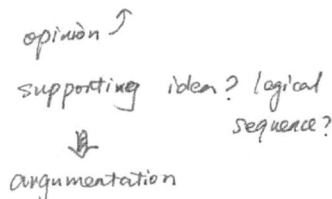

expressions ↑

emotion & feeling ↑

⇓

essay

opinion ↑

supporting idea? logical sequence?

⇓

argumentation

① Reason.
② result
③ seriousness
④ consequence

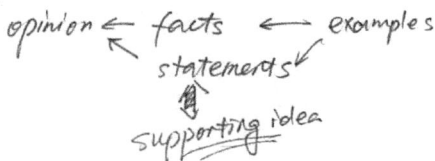

opinion ← facts ← examples
statements
⇑
supporting idea

常规性自主学习听力作业优秀作业范本：
四六级真题短文听写

【Passage One】

Donna Fredrick's served with Peace Corps(美国和平部队(AAB)) in Brazil joined Peace Corps for two years. She draw the peace corn after she graduated from the college. Because she wanted to do something to help other people. She had been brought up on a farm since she was. Before she went to Brazil. she Peace Corps assigned her as to an agriculturally project assignent. started for 3 months the great deal of history systems prochaser and its culture. she also learned a lot of studied Portuguese deal in her country country. During the two years growing with the Peace Corps, Donna leaved the village and to to northeastern Brazil. That apart of Brazil is very dry, and farming is often difficult there. Donna helped the people lived in the village to organize an irrigation project and she often also advised them of invites the farmers to grow the crops that need a little more water.

When Donna returned to the States. she couldn't settle down. She tried several jobs, but them seemed very boring. She can't couldn't get off out of her mind. Finally one day she got on a plane and went back to Brazil. She also shocked with what she was going wanted to do. She just wanted to be there.

After a few weeks. Dona found a job as an English teacher, teaching 5 classes a day. Like most of the & teachers. she doesn't make much money. She shares a small apartment with another teacher. She earns and makes a little extra money by sending stories to the local news- papers, of the States state's newspaper.

Eventually, she wants to quit teaching and works as a full-time journalist.

【Passage two】

Results from of a recent Harry's poll on free time showed that the average work week for many Americans is 50 hours. With the time spent by eating sleeping and even taking care of household duties, there is little time left for leisure activities in many luxious Americans. However having free time to relax and pursue hobbies is really important. People need time to away from the pressures of studying and ~~work~~ or work to relax, and ~~having~~ enjoy ~~time~~ ~~fun~~ time with friends and family. In diffrent countries, free time is spent in different ways. ~~People~~ the results of ~~the~~ a Harry's Poll ~~shows~~ showed that reading ~~is~~ was the most pop-ular activity in the ~~U.K.~~ U.S. this ~~is~~ was followed by watching TV. In ~~the~~ the a UK ~~servay~~ survey on ~~our~~ luxxious leisure time activities, watching TV and ~~radios~~ ~~is~~ radios was the most popular. Listening to the radio came ~~the~~ second. In ~~the~~ the a similar ~~servey~~ ~~serivay~~ survey conducted in Japan, the most free time popular activity ~~is~~ was eating out. The second most popular activity ~~is~~ was driving. There were also differences in the most ~~popl~~ popular outdoor ~~activities~~ pursuits between ~~these~~ the three countries. The most popular outdoor activity. ~~U.S.~~ for Americans was gardening. In the U.K, it was ⟶ ~~U.K~~ ~~was going to the pub.~~ In Japan going to ~~to~~ pub ~~Rank~~ bars ranked ~~ranks~~ eighth in popularity and the gardening ~~ranked~~ ~~ninth.~~ ranked ninth. Although ~~the~~ people around ~~all over~~ the world may enjoy doing ~~the~~ similar things in their free time. there ~~are~~ is evidences that ~~those~~ that to ~~sav~~ suggest interests ~~computer~~ ~~chag~~ changing. In the US, for example, the popularity of computer ~~is~~ activities are increasing. Many more people in the states are ~~ing~~ spending their free time surfing the web. email friends or playing ~~e-mail with~~ games online.

~~friends~~

小组演讲评分标准

小组演讲评分标准

演讲者　　　　　　　　　　第　　　　　　　　组,组长:

演讲题目:

出席人数:

标　　准	评　分
1. 演讲的材料(40%)(包括材料是否充分、主题是否鲜明切题、内容是否翔实生动、条理是否清楚) A. 知识内容丰富,材料充分,主题鲜明突出,架构清晰(30-40) B. 知识内容一般,材料得当,主题鲜明切题,架构合理(20-29) C. 知识内容空泛,材料苍白,没有主题特色,架构混乱(19以下)	
2. 与听众的互动(10%)(包括与听众的眼神交流、互动问答、做游戏等) A. 与听众达成良性的互动,演讲气氛热烈,听众积极参与(8-10) B. 与听众达成一定的互动,演讲气氛活泼,听众有份参与(5-7) C. 未能与听众互动,演讲气氛沉闷,听众没有参与其中(4及以下)	
3. 团队合作程度(10%)(包括团队的士气、成员的分工协作、出勤率) A. 团队士气高昂,分工协作有条不紊,100%的出勤率(8-10) B. 团队士气良好,分工协作大体合理,100%的出勤率(5-7) C. 团队士气低落,分工协作凌乱,成员参与不足,或者出勤率低于85%(4及以下)	
4. 演讲的技巧(10%)(包括语言表达能力、幽默感、手势、节奏感和感染力、身体语言、自信、感情等) A. 语言表达清晰生动,演讲富有节奏感,具有很强的个人感染力,演讲者全心投(8-10) B. 语言表达清楚明了,演讲有自己的节奏,具有一定的个人魅力,演讲者有感情(5-7) C. 语言表达平白呆板,演讲没有控制节奏,演讲者不够专心(4及以下)	
5. 形式的创新性(10%)(演讲形式的新颖程度,道具的使用等等) A. 演讲形式新颖,具有独创性,充分使用各种道具或多媒体工具,让听众耳目一新(8-10) B. 演讲形式平常,具有自己的特色,使用了道具或其它媒体工具(5-7) C. 演讲形式平常,没有特色,没有其它辅助工具(4及以下)	
6. PPT的分数(20%) A. PPT美观大方,具有美感,清晰地列出内容的重点,给听众视觉上的享受(16-20) B. PPT清晰耐看,罗列出内容的框架,具有一定的观赏性(10-15) C. PPT平淡乏味,内容不够清晰,缺乏美感(9及以下)	
总分及排序	

评分人:＿＿＿＿＿＿＿＿＿(签名)

参考文献

ANDERSON L, 2006. Analytic autoethnography[J]. Journal of contemporary ethnography(4): 373-395.

BELBASE L, TAYLOR C, 2008. Autoerthongraphy: a method of research and teaching for transformative education[J]. Journal of education and research(5): 86-95.

BRUNER J, 1993. The autobiographical process[G]//FOLKENFLIK R. The culture of autobiography: constructions of self-representation. Stanford, CA: Stanford University Press.

CANAGARAHAH A S, 2012. Teacher development in a global profession: an autoethnography[J]. TESOL quarterly(2): 258-279.

CANDLIN C N, 1987. Towards task-based language learning[G]//CANDLIN C, MURPHY D. Language learning tasks. Lancaster: Lancaster University.

CARR W, KEMMIS S, 1986. Becoming critical: educational knowledge and action research[M]. London: Falmer.

CHANG H, 2008. Autoethnography as a method: raising cultural consciousness of self and others[M]//Developing qualitative inquiry. Utah: Emerald Group Publishing Limited.

CUSTER D, 2014. Autoethnography as a transformative research method

[J]. The qualitative report(19): 1-13.

DAY C, 1999. Developing teachers: the challenges of lifelong learning. London: Falmer.

DENZIN N K, LINCOLN Y S, 2005. The discipline and practice of qualitative research [G]//DENZIN N K, LINCOLN Y S. Handbook of qualitative research. Thousand Oaks, CA: Sage.

DEWEY J, 1933. How we think. Boston: D. C. Heath and Company.

ELLIS C, 2004. The ethnographic I: a methodological novel about autoethnography [M]. California: AltaMira Press.

ELLIS C, BOCHNER A, 2000. Autoethnography, personal narrative, reflexivity: researcher as subject[G]//DENZIN N, LINCOLN Y. Sage Handbook of qualitative research. 2nd ed. Thousand Oaks, CA: Sage.

ELLIS C, BOCHNER A, 2006. Analyzing analytic autoethnography: an autopsy [J]. Journal of contemporary ethnography(4): 429-449.

ELLIS C, TONY E, BOCHNER A, 2011. Autoethnography: an overview[J]. Forum: qualitative social research, 12(1): 10.

HARGREAVES A, 1995. Development and desire: a postmodern perspective [G]//GUSKEY R, HUBERMAN M. Professional development in education: new paradigms and practices. New York: Teachers College Press.

HARGREAVES A, FULLAN M, 1992. Understanding teacher development [M]. New York: Teachers College Press.

HAYANO D, 1979. Auto-ethnography: paradigms, problems, and prospects [J]. Human organization(38): 99-104.

HAYLER M, 2011. Autoethnography, self-narrative and teacher education [M]. Rotterdam: Sense Publishers.

JONES S H, 2005. Autoethnography: making the personal political[G]//DENZIN N K, LINCOLN Y S. Handbook of qualitative research. 3rd ed. Thousand Oaks, CA: Sage.

LONG M, CROOKES G, 1993. Units of analysis in syllabus design: the case for task[G]//CROOKES G, GASS S. Tasks in language learning. Clevedon: Multilingual Matters.

LUITEL B C, 2003. Narrative explorations of Nepali mathematics curriculum landscapes: an Epic journey[M]. MS Dissertation: Curtin University of Technology.

MASO I, 2001. Phenomenology and ethnography[G]//ATKINSON P, COFFEY A, DELAMONT S, et al. Handbook of ethnography. Thousand Oaks, CA: Sage.

NUNAN D, 1989. Designing tasks for the communicative classroom[M]. Cambridge: Cambridge University Press.

SHADE R A, 1996. License to laugh: humor in the classroom[M]. Greenwood: Teachers Idea Press.

SKEHAN P, 1998. A cognitive approach to language learning[M]. Oxford: Oxford University Press.

TILLEY-LUBBS G A, SILVIA B C, 2016. Re-telling our stories[M]. Boston: Sense Publishers.

VAN MAANEN J, 1988. Tales of the field: on writing ethnography[M]. Chicago: The University of Chicago Press.

VYGOTSKY L, 1978. Mind in society: the development of higher psychological process[M]. Boston: Harvard University Press.

WILLIS D, WILLIS J, 2007. Doing task-based teaching[M]. Oxford: Oxford University Press.

WALL S, 2006. An autoethnography on learning about autoethnography[J]. International Journal of Qualitative Methods(2): 146-160.

WILLIS J, 1996. A framework for task-based learning[M]. Edinburgh: Addison Wesley Longman Limited.

陈纪,南日,2018. 自传式民族志的发展概况及其社会效用分析[M]. 湖北民族学院学报(哲学社会科学版),36(1)：37-42.

柴改英,邬易平,陈程,2019. 主体间性外语教学行动研究[M]. 杭州：浙江工商大学出版社.

陈向明,2003. 实践性知识:教师专业发展的知识基础[J]. 北京大学教育评论(01)：104-112.

陈向明,2011. 教育改革中的实践教育学范式探讨——以课例研究为范例[C]//华东师大基础教育改革与发展研究所. "教育改革的哲学反思"国际学术研讨会会议论文集. 武汉：华东师范大学基础教育改革与发展研究所.

褚丹荣,2001. 教学幽默提高了教学艺术的娱乐性[J]. 教书育人(高教论坛)(6)：22.

邓炎昌,刘润清,1989. 语言与文化——英汉语言文化对比[M]. 北京：外语教学与研究出版社.

费孝通,2010. 文化与文化自觉[M]. 北京：群言出版社.

高一虹,李莉春,吴红亮,2000. "研究"和"研究方法"对英语教师的意义:4例个案[J]. 现代外语(1)：89-98.

高等学校外语专业教学指导委员会英语组,2000. 高等学校英语专业英语教学大纲[M]. 北京：外语教学与研究出版社；上海：上海外语教育出版社.

霍华德·舒尔茨,多莉·琼斯·扬,2011. 将心注入[M]. 文敏,译. 北京：中信出版社.

龚亚夫,罗少茜,2003. 任务型语言教学[M]. 北京：人民教育出版社.

郭乃照,2014. 教师文化信念与大学生跨文化交际能力培养[J]. 中国高教研究(4)：106-110.

韩巍,席酉民,2009. 自我呈现及反思——组织管理研究的一种补缺性方法论[J]. 西安交通大学学报(社会科学版)(3)：31-39.

何其莘,殷桐生,黄源深,等,1999. 关于外语专业本科教育改革的若干意见[J]. 外语教学与研究(1)：24-28.

胡范铸,1987. 幽默语言学[M]. 上海:上海社会科学院出版社.

黄源深,1998. 思辨缺席[J]. 外语与外语教学(7):1,19.

黄源深,2010. 英语专业课程必须彻底改革——再谈"思辨缺席"[J]. 外语界(1):11-16.

蒋逸民,2011. 自我民族志:质性研究方法的新探索[J]. 浙江社会科学(4):11-18.

教育部. 大学英语教学指南(最新版)[EB/OL]. (2017-05-10)[2019-06-30] http://learning.sohu.com/20170225/n481690904.shtml.

李琳,2013. 美国高等教育核心理念之一:批判性思维及其训练方法[J]. 湖北广播电视大学学报(11):116.

李涛,2000. 教学幽默新论[J]. 教育理论与实践(4):47-49.

刘上扶,1998. 英语写作论[M]. 南宁:广西教育出版社.

鲁道夫·阿恩海姆,1998. 艺术与视知觉[M]. 滕守尧,朱疆源,译. 成都:四川人民出版社.

陆谷孙,2003. 英语教师的各种素养[J]. 外语界(2):2-6,23.

马爽,2018. 我国大学生"思辨缺席症"成因深层分析及对策——以大学英语教育为例[J]. 外国语文(1):140-146.

孟春国,2018. 质性研究在中国外语学姐的发展困境及出路[J]. 外语界(2):11-19.

彭青龙,2000. 思辨与创新——口语课堂上的演讲、辩论初探[J]. 外语界(2):39-45.

普利玛,2012. 研究教师的生活与经验——深入基础教育教学的叙事探究[G]//瑾·克兰迪宁. 叙事探究——焦点话题与应用领域. 鞠玉翠,等,译. 北京:北京师范大学出版社.

钱晓霞,2014. 英语专业基础英语课堂教学研究[M]. 杭州:浙江工商大学出版社.

孙杨森,于红英,2015. 输出理论视域下大学英语教学中批判性思维能力培养研究[J]. 当代教育科学(19):62-64.

隋明才,2001. 英语教学论[M]. 南宁:广西教育出版社.

万作芳,任海宾,2011. 师生关系的四种类型:基于教育历史和实践的概括 [J]. 教育理论与实践,31(22):32-35.

王海啸,2010. 体验式外语学习的教学原则——从理论到实践[J]. 中国外语 (1):53-60.

王凯旋,2001. 语文课堂教学中的幽默技能[J]. 湖南教育(22):47-48.

王俊菊,朱耀云,2008. 师生关系情境中的教师学习——基于叙事日志的个 案研究[J]. 外语教学与研究(4):287-292,321.

魏永红,2004. 任务型外语教学研究(认知心理学视角)[M]. 上海:华东师 范大学出版社.

文秋芳,2016. 在英语通用语背景下重新认识语言与文化的关系[J]. 外语教 学理论与实践(2):1-7,13.

文秋芳,俞希,2003. 英语的国际化与本土化[J]. 国外外语教学(3):6-12.

邬易平,雷亚敏,2010. 多媒体网络环境下的任务设计——Willis(2007)任务 学习法理论框架的实证研究[J]. 牡丹江教育学院学报(2):128-130.

邬易平,王蕾,2010. "以学生为中心"的教学模式实践[J]. 中国成人教育 (14):152-153.

邬易平,2014. 移情性理解——星巴克伙伴式师生关系课堂任务实例研究 [C]//贾爱武. 启迪:外语研究方法与创新. 杭州:浙江工商大学出版社.

吴一安,2005. 优秀外语教师专业素质探究[J]. 外语教学与研究(外国语文 双月刊),37(3):199-205.

习近平,2017. 决胜全面建成小康社会 夺取新时代中国特色社会主义伟大 胜利——在中国共产党第十九次全国代表大会上的报告(2017-10-18) [2018-06-30]http://www.xinhuanet.com/2017-10/27/c_1121867529.htm

项茂英,2004.大学英语教学中的师生关系[J].外语界(4):37-42.

项茂英,郑新民,邬易平,2016. 国外语言教师信念研究回顾与反思——基 于对6种应用语言学期刊的统计分析(1990—2014)[J]. 外语界(1):79- 86,95.

徐建新,2018. 自我民族志:整体人类学的路径反思[J]. 民族研究(5): 68-77.

徐平,2013. 二语习得与跨文化交际意识的融合[J]. 东北师大学报(哲学社会科学版)(4): 135-138.

徐世贵,2008. 教师 自主成长——基于名师成长案例的分析[M]. 北京:外语教学与研究出版社.

雅斯贝尔斯,1991. 什么是教育[M]. 邹进,译. 北京:生活·读书·新知三联书店.

杨爽,钟志勇,2014. 自传式民族志:概念、实施与特点[J]. 广西民族研究(5): 58-63.

张宝臣,2001. 论教师幽默素质及其养成[J]. 教育评论(6): 23-25.

佐斌,2002. 师生互动论[M]. 武汉:华中师范大学出版社.

后　记

　　此刻,我坐在游轮尾部的270咖啡店的二楼,望向270°视角的玻璃窗外,看到的是蔚蓝的大海和船尾拖着的一条白色浪花。大人聚集在玻璃窗前拍照、喝茶、聊天,孩子们欢快地跑来跑去嬉戏着,楼下的表演者专注而轻松地弹奏着吉他。我不熟悉这些曲调,但轻松、欢快、安静的吉他声掩盖了周围人群的嘈杂声。虽然是一个人,却不觉得孤单。被人群包围着,也不觉得吵闹和杂乱。这音乐声让人安静地在繁杂的俗世中独享属于自己的世界,并成为整个世界的一部分。此时,这音乐声大概和我写的这本书有异曲同工之妙,帮助我安静地审视自己职业发展的过往,并和整个世界发生着关联。

　　科研,在这一刻,对我而言,并不孤独。

　　我想写一本有温度的书。教师,于我而言,不仅仅是一份工作,一个职业,更多的是一种生活。我喜欢的咖啡、喜欢的推理小说、喜欢的人物角色、喜欢的锻炼时间……这些都会不自觉地在我的教学生活中留下足迹。更多时候,我是有意将它们融入教学中。当一名好老师的前提,应该是做好自己吧。教学不仅仅是课堂的45分钟,很多时候,我们的学习来自生活本身。

　　我一直戴着一个有凤凰坠子的项链。在我心里这项链代表着凤凰涅槃,我期待重生的力量。从2015年第一次接触到"自我民族志"这个学术术语开始,四年的蛰伏,数十次学术之路上的自我怀疑、自我否定和自我彷徨,让我踌躇不前。一方面,多年的教学体验让我觉得自己手握宝藏;可另一方面,我始终徘徊在这个宝库之外。学术意识和学术能力的自我质疑让我停滞不前,但最终我努力前行,以展示我宝贵的成长历程。

谢谢你和我一起阅读,谢谢你愿意体会我所体会的过往情感,谢谢你和我有了共鸣。

谢谢你们给了我一个可能,一个自我挖掘的可能。

谢谢你们给了我一份希望,在学术研究的同时,也能享受创作的乐趣。

谢谢你们给了我一种勇气,一种继续在学术研究道路上走下去的勇气,即便是踯躅慢行。自我民族志的学术价值还存在较多质疑,甚至是抨击。怀揣着敬畏之心,我希望自己的努力能为其发展之路略尽微薄之力。

邬易平

2019 年 7 月